パパのための娘トリセツ

監修
心理学博士
小野寺敦子

kokoro library
講談社

はじめに

　生まれた赤ちゃんが女の子だったら、娘と父の摩訶不思議な関係が始まったと思いましょう。娘にとって父親は人生で初めて出会う異性です。発達心理学の調査によると、成人した娘の選ぶパートナーは、良くも悪くも父親がモデルになり、しかも父親と似た夫を選んだ娘の結婚生活の満足度は高いと報告されています。つまり、娘の人生にあなたが与える影響力はとても大きいのです。

　しかし、娘と父親の関係は一筋縄ではいきません。それは娘が2歳を過ぎると、誰でも感じるのではないでしょうか。「パパ大好き！」とくっついて離れない時期があったかと思うと、なんにでも「イヤ、ダメ」と親を困らせる時期が来ます。やがて娘が中学生ともなれば口さえろくにきかない、口を開けば「パパ嫌い！　うざい！」などと生意気な言葉が出てくるようになるからです。

女性がどんなふうに心を成長させながら大人になっていくかを知っている母親とは違い、異性である父親は娘心の細かい機微までを理解することができません。つまり多くの父親にとって娘は、とても近い存在でありながら、理解しがたい異性なのです。「なぜ父親に向かってこんな態度をとるのだろう」と不思議に思うかもしれませんが、すべてに深い理由があってのことなのです。

発達心理学では、幼いころからの父親の娘に対する態度や言葉は、娘の女性性の発達や性役割観の育成に大きな影響を与えていくといわれています。父親の発した何気ない一言が娘の人生を変えてしまうこともあり、娘が自立した大人になれるかどうかのカギは父親が握っているといっても過言ではありません。

娘の仕事に対する意識や職業選択にも父親は影響を与えます。専業主婦になるかキャリアウーマンになるかの選択も、父親が娘とどう接するかで変化していくことが父娘関係の研究から明らかになっています。「女の子は成人したらいい人に嫁がせて終わり」という考え方は過去のものとなりました。現代女性は男性と同じように社会に出て、出産しても仕事をもって働くようになり、さまざまな困難にぶつかりながら強く生きていかなければなりません。そんな娘のために、「困難にめげない力」「人生を生き抜く力」を養うのも父親の大切な役目です。

どんなときも、積極的に自分にかかわってくれて、見守ってくれて、時には適切に叱ってくれるパパを、嫌いになる娘はいません。娘は育てられながら、自分の父親がどんな人なのかをしっかり観察しているものです。

娘とのやりとりは男同士のやりとりとは違い、ほぼ心理戦です。本書は、幼児期、小学校前半、小学校後半、中学生、高校生、大学生、社会人と娘の成長に合わせ、複雑に変化していく心を読み解きながら、要所要所で父親が適切な対応ができるように、発達心理学の観点から解説、アドバイスをしています。特に、父親から娘への「言葉がけ」については、具体的な例を多く掲載しています。

また、本書をつくるにあたり、19～22歳の女子大生50人に父親に関するアンケートをとりました。ところどころに現役の娘たちの声を掲載しています。併せて娘たちの生の声にも耳を傾けていただければ幸いです。

もくじ

第2章 小学校前半（7〜9歳）

第3章 小学校後半（10〜12歳）

第4章 中学生（13〜15歳）

娘の成長に合わせたパパへのトリセツ早見表

エリク・H・エリクソンの「心理社会的発達理論」を元に作成

娘が人としての健全な発達をしていくのに、パパの役割はとても重要です。心理学者エリクソンの「心理社会的発達理論」に基づき、パパが娘の成長に合わせてどのような点に気を付けてかかわっていけばよいかをまとめてみました。参考にしてください。

娘の年齢	娘が身に付けておくべき発達課題	パパのかかわりポイント
乳児期 0〜1歳	パパ・ママへの 信頼感	いつもパパから愛されているという想いが、「パパを信頼できる」という意識につながっていきます。その信頼感は、パパと娘の関係を一生涯にわたって支えていく大切なものとなります。
幼児期前期 1〜3歳	自律性	トイレも自分で行ける、食事も一人で食べられるなど、どんどん自分でできることが増える時期です。身の周りのことを娘一人でできるように応援してあげましょう。
幼児期後期 3〜6歳	自主性	自分の意志をもって自主的に行動しようとするようになります。「なんでも自分でやりたい」という気持ちを大切にしてあげましょう。うまく出来たときはたくさんほめてあげてください。
児童期 6〜12歳	勤勉性	パパは学校の成績が気になるかもしれませんが、美術館や自然体験など、勉強以外の経験をたくさんさせてください。そして「コツコツやれば必ずできる」という達成感をもたせてあげましょう。けなしすぎると、劣等感の強い娘になってしまうので要注意です。
青年期 12歳〜20歳代半ば	アイデンティティの 確立	「自分はどんな性格でどんな生き方をしたらよいのだろうか」と娘なりに自分について悩む時期です。パパの体験談や進路アドバイスをしてあげましょう。
成人期 20歳代半ばごろ〜	親密性	恋多き年頃になるとパパもどんな男性と付き合っているのかと気になります。異性モデルとして娘はパパのことをしっかり見ています。その後の人生も父娘の関係が良好に続くようにしたいものです。

第1章

幼児期

（2～6歳）

幼児期　第１次反抗期

親の忍耐が試されるイヤイヤ期

たくさんほめて自信を育てる

幼児期は、大人の目から見るとまだまだ頼りない「赤ちゃん」ですが、実は社会性や人間性を身に付けていく大切な期間です。誰かのことを心から信じるという意識をもてるかどうか、困ったときには人に頼ることができるかどうかなど、生きていくうえで必要な人間関係の大切な部分をこの時期に学びとっていきます。言葉がきちんと話せなくてもコミュニケーションの基礎は構築されます。「暑いね～」「麦茶を飲もうね」など親が声をかけ、働きかけをすることによって、無意識のうちに人とのかかわり方を学んでいきます。

また２歳前後になると、いわゆる「イヤイヤ期」。パパも手を焼くでしょう。しかしそれは順調に育っている証。おおらかな気持ちで接しましょう。３歳を過ぎるといろいろなことができるようになるので、できたときはたくさんほめてあげましょう。そうすれば自分のことが好きと言える、自信のある娘へと成長していきます。

保育園や幼稚園に通うことで、集団の中で他者とのかかわり方や自分をコントロールすることなどを習得し、生きていくための基礎を学んでいきます。

1 イヤイヤ天使との会話を楽しもう

我が家にやって来た赤ちゃんが女の子だったら、パパは「ラッキー」と叫びましょう。だってママに似た素敵な女性に育っていく姿を目の当たりにできるのですから。パパにとって女の子は異星人に近い存在かもしれませんが、きっと大丈夫、ふたりは血のつながった父娘。これからふたりの間にどんなドラマが展開していくのか、ワクワクが止まりませんね。

しかし、天使のような表情でニコニコ笑っていた娘も2歳ともなると、なんだか様子が変わってきます。世に言う「イヤイヤ期」。この時期は自我が芽生えてくる時期なので、自分の好きなもの、自分でやりたいことが多くなります。なぜそれをやりたいのか、なぜ大人の言うとおりにしないのか……、複雑な感情を、まだ正確に言葉に現せないために、親にとっては子どもが反抗しているようにみえるのです。やがて言葉が増え、我慢することができるようになる4歳ごろまでは、成長のための大切なステップととらえましょう。

では、パパはどんなふうに「イヤイヤ期」の娘と会話すればいいのでしょうか。まずは「イヤ！」という娘に「なんでイヤなの？」と聞いてみましょう。「自分でやるの！」という娘には、自分でやらせてあげましょう。そして娘の行動をそっと見守るのです。うまくできた時は「すごい！ よくできたね」とほめてあげましょう。失敗した時には「失敗しちゃったけど、頑張ったね」とほめてあげてください。パパにほめられることで娘の中に自信が生まれ、ほめてくれたパパがもっと好きになりますから、ふたりともウインウイン。

パパにほめられて、小さな体で力いっぱい頑張る娘の晴れやかな姿を見ることができるのは、パパならではの幸せ。娘が「パパ大好き！」と言ってくれる日も近そうです。

2 休日はパパの存在感を高めるチャンス

ゆっくり寝ていたいパパに娘が近づき「パパ遊んで〜」と言う休日の朝。せっかくの休日、「もっと寝かせてほしい」というのが本音のパパですが、ここは娘との関係を濃密なものにするまたとないチャンスと考えて、従うのが一番です。

考えてみてください。休日の朝から「パパ遊んで〜」なんてデートに誘ってくれるかわいい女子はこの世に娘だけです。こんなスイートな誘いが他にあるでしょうか。睡眠の誘惑を断ち切り、何をおいても娘と遊びましょう。

さてパパは娘と何をして遊べばいいのでしょうか？ 女心にうといパパが悩むのはもっともなことです。しかし、一緒にアニメを見たり、スマホを渡したりなど安易な道を選ぶのはぐっと我慢を。パパって素敵、楽しいと思ってもらえる、パパならではの遊びの世界に娘を連れ出しましょう。

普段の遊びは、積み木やままごとなど室内での静かな遊びが多いはずですから、差別化を画策しましょう。

男の子、女の子に関係なく、子どもはちょっとスリルのある動きが大好きです。ボール投げやサッカーのように身体を使う遊びは、娘の身体能力を伸ばすことに貢献できます。将来は女子サッカー選手、ソフトボール選手に育つベースをパパが作ってあげることができるかもしれません。

「パパってかっこいい！」「ママとは何か違う」って娘が感じてくれたら、こんな有意義な休日はありません。

発達心理学キーワード　**【父子関係と遊び】**

発達心理学では、遊びは子どもの発達にとって重要な役割をになっていると考えられています。特に子どもは月齢が高くなるほど母親よりも父親を遊び相手に選ぶ傾向が強くなっていきます。そして子どもは遊びながら父親を愛着の対象として位置づけるようになっていきます。

3

娘の世界を広げてあげよう

感情を言葉で上手に表現できるようになると「イヤイヤ期」もそろそろ終了です。ですから「パパ、パパ」とかわいい声で追いかけてくる娘との会話を楽しみながら、たくさん遊んであげましょう。しかし、ここで出てくる問題は、娘との時間がなかなかとれないことかもしれません。ワークライフバランスという言葉が浸透した現代ですが、「イクメン」という響きが耳に痛いパパは、案外まだまだ多いのです。しかし、娘との時間で大切なのは量より質です。長く一緒にいられない分、娘との時間は、とびきり楽しく過ごすことを心がけてください。

近くの公園にお散歩に行くのでも十分です。お散歩しながら肩車をしてあげれば、地面に近い位置から見ていた世界が一変。娘に大きな刺激を与えることができるでしょう。一緒に蝶々を追いかけたり、しゃがんで蟻を観察したり……。どうしてお日さまは昇ったり沈んだりするのか、雲にはどうしてたくさんの形があるのか、どうして雨が降ってくるのかなど、大人の知識を披露して、尊敬を集めちゃいましょう。

娘は好奇心でいっぱいの目を輝かせながら、自分をとり巻く自然の素晴らしさを感じるはずです。

6歳未満の子どもをもつ父親の家事・育児関連時間（週全体一日当たり）

日本では夫が、一日の中で育児にかかわれる時間は平均49分。ちなみに妻は平均３時間45分。共働き家庭が増えているものの、母親のほうが圧倒的に育児の負担を背負っています。

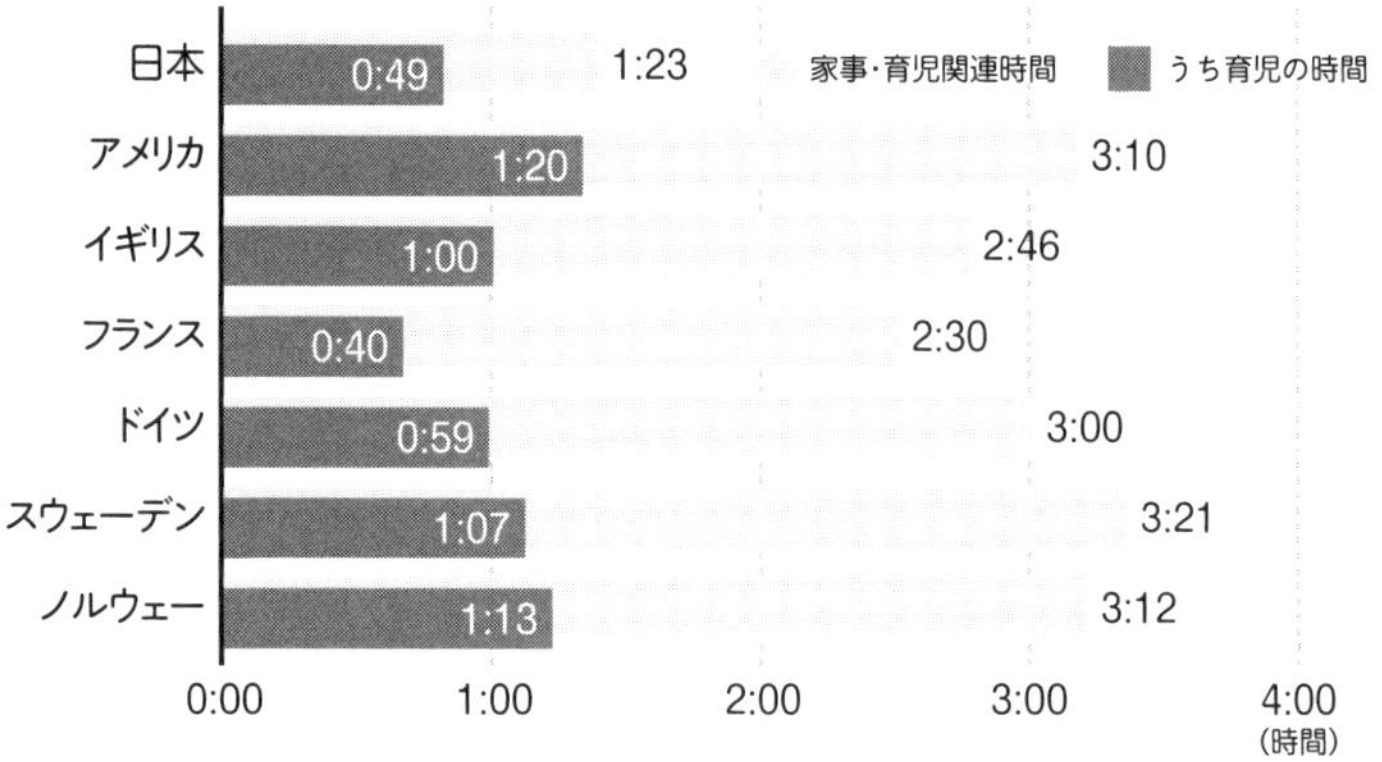

資料:Eurostat “How Europeans Spend Their Time Everyday Life of Women and Men”(2004)、Bureau of Labor Statistics of U.S. “American Time Use Survey”(2016) 及び総務省「社会生活基本調査」(2016年) より内閣府作成。

注:日本の数値は、「夫婦と子どもの世帯」に限定した夫の一日当たりの「家事」「介護・看護」「育児」及び「買い物」の合計時間（週全体平均）である。

4 娘の「めげない力」を育てよう

娘の寝顔を見ながら「将来はどんな大人になるんだろう」と成長した娘の姿を思い描くのは、パパならではの楽しみです。「友だちをたくさん作ってほしい」「バリバリのキャリアウーマンになってほしい」「手に職を付けて堅実に生きていってほしい」「だれにでもやさしく、思いやりがあって、知性も気品もあって、どこに出しても恥ずかしくない、そんな娘に育ってくれたなら……」と、理想は無限にふくらむことでしょう。親の思い通りにならない、ということは、自分自身の経験から分かっていても娘の将来に期待することは大切です。しかしパパの夢を押し付けることはNGです。

実は、かわいい娘の将来のためにパパが今からできることがあります。それは自分の力で自分の人生を切り開いていくために必要な「めげない力」を育んであげることです。この「めげない力」を育てるのが、発達心理学ではパパの言葉がけといわれているのです。難しいことではありません。幼いころから明るく元気の出るポジティブな言葉がけをたくさんしてあげるだけでいいのです。Ｐ24からのほめ言葉例を参考にしてぜひ大人になるまで実践し続けてください。

そうすれば、娘はイキイキと自分の夢を見つけて幸せな人生を送ってくれるはずです。きっとたくましく元気に生きていってくれるでしょう。

発達心理学キーワード

【自尊感情】

発達心理学では、自分が価値ある人間だと感じ、ありのままの自分に満足していると感じている人を「自尊感情が高い人」と言います。低い人に比べると情緒が安定しており、社会的な適応傾向が強いと報告されています。小さなころからの親のほめ方、叱り方、言葉がけが子どもの自尊感情の成育に大きく影響します。

パパ塾 1

ぶきっちょパパも そのまま使える娘へのほめ言葉

その1　（ママのお手伝いをしていたら）

- **わぁ、ありがとう。ママもパパもうれしいよ。**
- **◯◯ちゃんがいてくれて、助かるなぁ。**

自分がしたことでママやパパを喜ばすことができるというのは、娘にとって本当にうれしいこと。「ありがとう」という感謝の言葉は娘の成長を促し、自己肯定感を育て、意欲的にします。「ありがとう」の言葉をたくさん娘にかけてあげましょう。

その2　（ピアノの練習など頑張っていたら）

- **上手になったね。◯◯ちゃんが弾くピアノを聴くとパパはほっとするなぁ。**

自分がピアノを弾くことでパパを心地よくさせることができるというのは娘にとって大きな喜びです。やる気がむくむくと湧いてきます。もっとピアノの練習を頑張ろうと思うことでしょう。ピアノだけにとどまらず、成功感は娘の心を強くします。

その3（弟の世話をしていたら）

- **○○ちゃんはいいママになりそうだね。**
- **ママみたいだね。**

ママみたいというのは、この時期、ママが大好きな娘にとって最大のほめ言葉です。娘はいつもママみたいでありたいと思っています。ママみたいでありたいという娘の心をしっかりつかみ、喜ばせましょう。

その4

- **おはよう。今日も元気に起きられたね。**
- **おやすみ。明日も元気に起きようね。**

おはよう、おやすみという日常のあいさつは家庭の中で大切なしつけです。元気に、にこにこと起きたことをほめられた娘は、毎日元気に明るく起きようと無意識に思うようになります。前向きに生きることの基本をパパの言葉から学んでいくことでしょう。

その5

●お友だちと仲良くできたね。

お友だちと仲良くできる、お友だちがたくさんいることは娘の人生を豊かなものにしてくれるはず。友だちと仲良くできたことをパパからほめられた娘は、お友だちと仲良くすることが大切だと気づきます。

その6

●大きな声で先生にごあいさつできたね。

あいさつは人間関係を構築する大切なもの。大きな声であいさつできたら、うんとほめてあげましょう。元気なあいさつは娘の人生を明るいものに導いてくれることでしょう。

その7

●もうそんなこともできるんだ。

パパの何気ない一言が娘の自信を育てます。パパにほめられることは娘にとって本当にうれしい出来事なのです。

その8

●パパより上手だね。

なんでもできるパパは娘の憧れです。そのパパよりも「上手だね」とほめられれば、娘はルンルン。もっと頑張ろうという意欲が湧きます。

5 娘の気持ちをしっかり受けとめて

「プランターに植えられた花を抜く」「ダメと言われているのに2階から水をまく」「弟のおもちゃをとる」……。2歳半～3歳ごろの娘は、いたずらやちょっと悪いことが大好きになります。それは恥、罪悪感が生まれ、善悪の判断がつくようになっていく過程ではよくある行動です。ただ楽しんで「ちょっと悪いこと」をする場合もありますが、「これをしたらパパはどんな態度に出るのかなぁ～」とパパの反応を見ていることもあります。

なぜなら赤ちゃんのころはママがいれば十分だった娘も、ママ以外に自分を大切に思ってくれる人がいることに気づき始めたからです。中でも、パパは超スペシャルな存在です。一見「なんで？」と思われる娘のいたずらにも意味があることを見抜き、パパならではのクールな対応で、じいじやばあばなどの手強いライバルを引き離しましょう。

娘があなたの前でかわいいいたずらをしたら、まずはぎゅっと抱きしめて「きれいなお花が欲しかったんだね。でもお花の家は土だから、早く土の中に帰してあげようね」「パパが弟にとられてしまったと思って寂しかったんだね。でも、○○のことがパパは大好きだから、弟にもやさしくしてあげようね」と、「欲しかったんだね」「寂しかったんだね」という気持ちをしっかり受けとめてあげましょう。「私は愛されている」「私は大事にされている」という安心感が伝わって、将来の娘の心を支える自己肯定感が育まれます。

発達心理学キーワード

【愛着理論】

人が生まれて数ヵ月から3歳のころに特定の人（母親や父親）との間に結ぶ情愛的な絆のことを「愛着」といいます。愛着がしっかり築かれると、特定の人との絆を心の中に持ち続けられるようになり、離れていても安心して他者との関係を築いていくようになります。

6 娘が本当に欲しいモノが分かりますか？

「パパこれ買って〜」と娘にねだられると、買ってあげたくなる気持ち、よく分かりますが、ちょっとストップ。娘の身の回りを観察してみましょう。モノが溢《あふ》れていませんか。

娘は買ってもらったモノを大切にできているでしょうか。欲しがるままに買い与えてきたぬいぐるみや人形、娘の好きなキャラクターグッズなどが散乱している状況だったら、パパは立ち止まって考えなくてはいけません。

発達心理学の研究によると、モノへの愛着が豊かな人はポジティブな感情も高いといわれていますが、あまりにモノが溢れていると、適切な愛着が育ちません。この時期は、モノを大切にする心を育てることが重要です。

「ねだればなんでも買ってもらえる！」なんて娘が思い込んだら大変。成長するにつれ、おねだりの頻度も、欲しいものの高価度もパワーアップします。早い時期に「我慢力」を養うことは娘の人生に大きなプラスになります。

それには言われるままに買い与えるのではなく、誕生日やクリスマスなど特別な日にだけ、娘が本当に欲しいものをプレゼントすることがポイントです。

娘はクリスマスプレゼントに何を欲しがっているか、分かりますか？　本当に欲しいものを見定めるには、娘と日ごろから接触を持ち、娘と話し、娘の気持ちを知っていることが必要です。

誕生日にパパからジャストマッチなプレゼントがもらえたら、娘は「パパは私のことをよく分かってくれている」と感じ、もらったモノを大切にするでしょう。大人になるまでの間にモノはなくなってしまうかもしれませんが、自分が大切にされていたという記憶は永遠に残ります。

パパ塾 2

気を付けたい 娘の心にしこりを残す言葉がけ

NG 女の子だから女の子らしくしなさい。

女の子だから、男の子だからと限定したり、差別したりするのはNGです。父親が男女の性役割にとらわれない育児をすると、娘は社会に出て、自立した女性になろうとする傾向が強くなるといわれています。

NG お兄ちゃんはちゃんと出来るのに、なんで◯◯ちゃんは出来ないの?

きょうだいはもちろん、他の子と比べるのは育児では御法度です。大人であっても他の人と比べられたら、つらくて悲しいものです。子どもならなおさらです。心の成長で大切な自己肯定感が育たなくなってしまいます。

NG ママに怒られるよ。

なぜしてはいけないのか理由を伝えず、ママに怒られるから、という理由では娘は納得しません。ダメな理由をきちんと教えましょう。

NG 早くしなさい。（レストランでメニューをなかなか決められない時など）

子どもには大人と違う時間が流れています。子どもの時間の流れに寄り添ってあげてください。「待つ」「見守る」が育児の大切なポイントです。

NG 泣いたってわがままは通らないよ。

泣きたい理由があって娘は泣いています。頭から「わがまま」と決めつけた言い方は避けましょう。冷静に、なぜ泣いているのかを娘に尋ねてみてください。

NG どうしていつも同じことを言わせるんだ。

威圧的な言葉は娘を怖がらせ、気持ちを萎縮させてしまいます。言うことを聞いているようでいて、娘の心は閉ざされていく危険性があります。

娘に自然体験ときちんとした生活習慣を!

国立青少年教育振興機構「青少年の体験活動等に関する実態調査（平成26年度調査）」より
※対象は小学4年生～6年生、中学2年生、高校2年生

自然体験と自己肯定感の関係

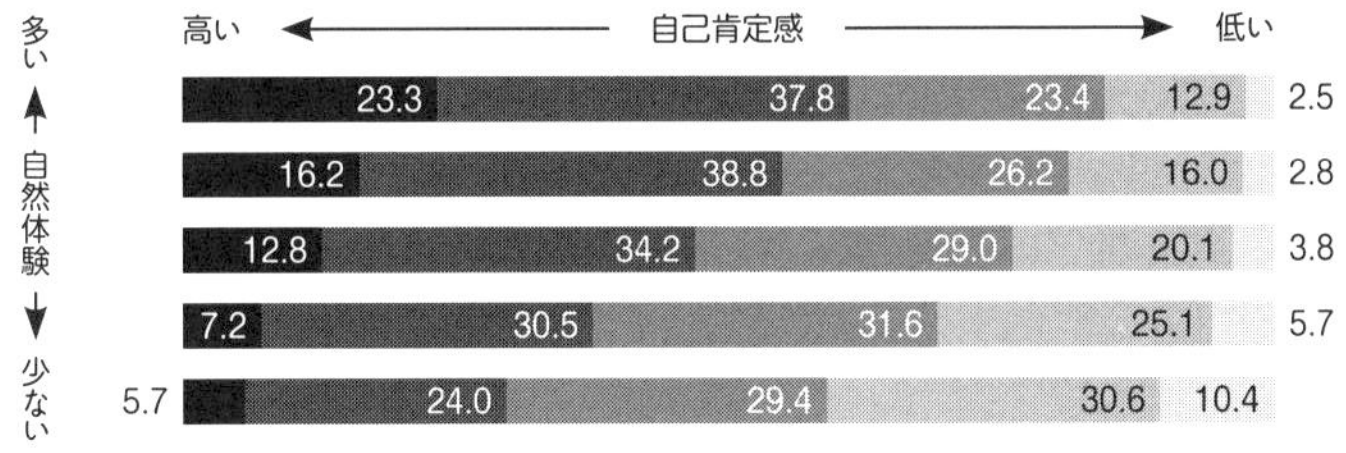

生活習慣と自己肯定感の関係

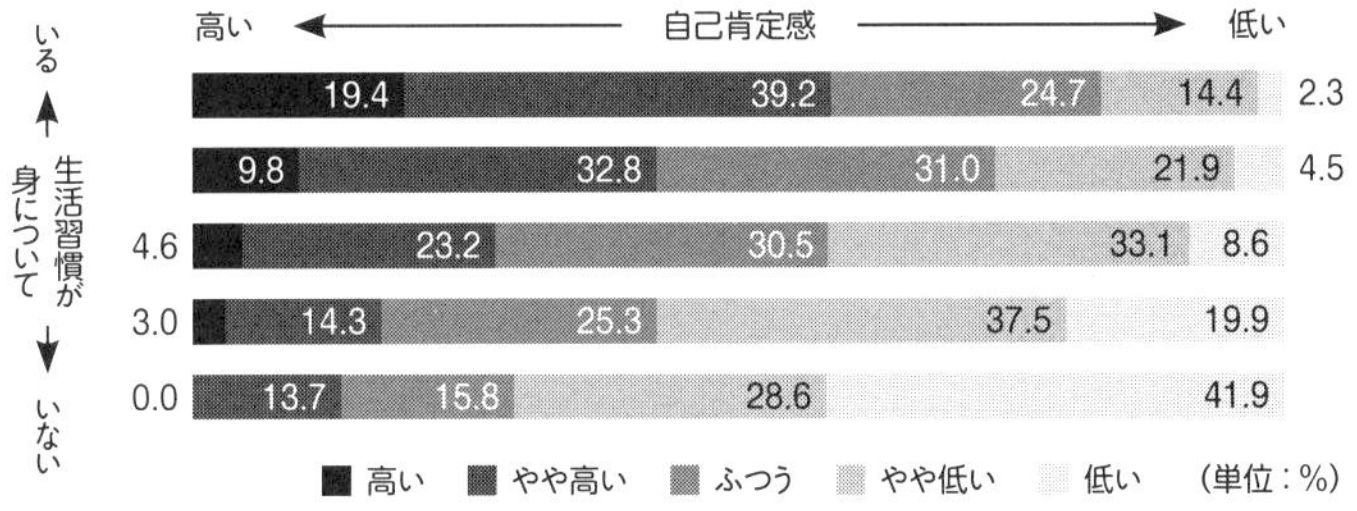

自然体験が豊富、生活習慣がしっかり身に付いている子ほど、自己肯定感が高くなる傾向がみられます。娘に自然体験をたくさんさせてあげること、自らがお手本になって生活習慣を身に付けさせることをパパの役目と心得て、積極的に娘とかかわるようにしましょう。

自己肯定感に関する質問事項

- 学校の友だちが多いほうだ
- 今の自分が好きだ
- 自分には、自分らしさがある
- 体力には自信がある
- 勉強は得意なほうだ

など

自然体験に関する質問事項

- 海や川で泳いだこと
- 夜空いっぱいに輝く星をゆっくり見たこと
- 野鳥を見たり、鳴く声を聞いたこと
- 太陽が昇るところや沈むところを見たこと

など

生活習慣に関する質問事項

- 朝、食事をとること
- 朝、顔を洗ったり、歯を磨いたりすること
- 家であいさつをすること
- 近所の人や知り合いの人にあいさつをすること

第2章

小学校前半

（7～9歳）

小学校前半　友だちとかかわりながら社会を学ぶ時期

友だち関係もなかなか大変

少しずつ親から自立していく

本書では７歳から９歳までの時期を小学校前半とします。

この時期は身体が成長するだけではなく、知的、心理的にも大きな成長を遂げていきますが、小学校１〜２年生はまだ幼児期の行動が色濃く残っています。一見友だちと仲良くしているように見えても、次の日は別の友だちと遊んだりして、友だちとの関係は流動的です。大人への依存心が強く、何か困ったことがあると親や先生を心の拠りどころにします。

しかし、３年生ぐらいになると、大人よりも友人、仲間が重要な位置を占めるようになります。とり巻く世界がぐんと広がり、４〜5人の同性の友だち同士で、密接なグループをつくるようになります。グループだけに通じるルールをつくったり、他の子を寄せつけなかったりするので、グループに入れない子どもは孤独感を抱くこともあるでしょう。

小学校３〜４年生に多くみられるこのような閉鎖的な集団を「ギャンググループ」、この時期を「ギャングエイジ」と呼びます。仲間と強いかかわりをもつことで社会性を身に付け、同時に、親から心理的に自立するきっかけをつくる、発達上とても大切な時期です。

1 時にはパパも少年に返って

小学生になると、習い事やお稽古通いなどで大人並みに忙しいスケジュールをこなす子どもが増えてきます。パパは娘の日常を知っていますか？　月曜日はピアノ、火曜日は習字、水曜日は英語、木曜日はスイミングなんてハードデイズを送る娘の一週間にびっくりしてしまうかもしれません。

習い事やお稽古も大切ですが、実は「遊び」というのは子どもにとってとても重要な役割があります。特に幼児期と違って身体を使った遊びが減ってしまう低学年の女子に、休日のパパがしてあげることができるのが、身体を動かす遊びの提供です。幼児期よりも一緒にできることが多くなっています。父親との遊びは、友だち同士の遊びでは得られない多くのことを学べます。遊びを通して、日常では見ることのできない、たくさんの世界を見せてあげましょう。

テニスや山登り、浜辺でのビーチボール遊びや、潮干狩り、また友人家族を誘って、バーベキューやキャンプに行くなどの計画を立てると、パパの存在感をぐっと誇示できます。

バーベキューでてきぱきと火を起こすパパの姿は娘の心をしっかりつかむこと間違いなしでしょう。森でのキャンプは夜の闇の真の暗さを教えてくれ、夜空に散らばる星の美しさ、自然の雄大さとともに、パパの頼もしさが娘の心にしっかりと刻まれるはずです。そんな時間を一生通して忘れないのが娘というものです。「将来はパパみたいな人と結婚したい」と娘が思うかどうかは別として、パパと娘の絆の強さはそんな思い出の積み重ねの結果なのです。

パパも少年に返って娘と思い切り遊びましょう。少年のように楽しそうに遊ぶパパの姿は、小さな娘の記憶の奥にしっかりと刻まれます。

2 一緒にお風呂の卒業記念日はいつ？

仕事が忙しくて、ゆっくり顔を合わせる時間がとれないでいる間に、娘がすっかり女の子らしくなっていた！　なんてうれしいドキドキがあるのが小学校前半のころ。いつまでもパパの小さな恋人と思っていると、娘に先を越されます。

いつの間にか大人と同じようにできることが多くなって、ママと一緒にお料理やお菓子をつくったり、洗濯物をたたんだり、弟や妹のめんどうをみたり……。娘がパパの身の周りのことをしているということもあります。お稽古ごとも上達し、大人顔負けのテクニックでピアノを弾いたりできるようになる子もいます。しかし、どんなにおませに振る舞っても、あくまでもまだ子どもです。甘えてきたときは、思いっきり甘えさせてあげましょう。

9歳ぐらいになると、パパと一緒のお風呂が大好きだった娘が「一人でもお風呂に入れる！」と言い出して、パパをちょっと寂しくさせるかもしれません。一人で髪を洗うことができる、一人でお風呂に入ることができるなど、一人でできることが増えてきて、娘は少しずつ自立を始めています。そんな娘の成長を喜んであげましょう。

父親とお風呂に入らないということは、娘が自分は女性であり、父親は異性であることを意識し始めたから。冗談であってもパパから「一緒にお風呂入ろうよ」などと誘わないようにしてください。その一言でパパを大嫌いになってしまうこともあるんです。突然抱きしめたり、身体を不用意に触る行為も以後慎んで、大人の女性として接していきましょう。

この時期のパパに必要なのは、静かに娘の成長を見守り、観察することです。親というのは喜びと寂しさの両方を抱えながら、そのときどきで距離をとって子どもの人生に伴走していくものなのです。

3 食卓にこぼれる娘の喜怒哀楽を拾おう

食事をすることは人生の愉しみの1つ。小さな娘にとっても食事は大切なひとときです。しかし仕事が忙しいパパは、娘と一緒に食事をとる時間をなかなかとれないのではないでしょうか。

最近は共働き世帯の増加や塾通いの関係などで一人で食事をする「孤食」や、家族がそろっていても各自が好きなものを勝手に食べる「個食」が問題になっています。食事は身体にとって大切なだけでなく、心にとっても大切です。

家族と一緒に食事をしながら、今日一日の出来事などを話し、喜びや楽しみをシェアできたら最高ですが、そうはいかないことも多いのが現実。そんな時は、頑張って娘と一緒に朝ご飯を食べるようにしましょう。笑顔で顔を合わせ「おはよう」

のあいさつを交わし、朝ご飯を食べることができたら、娘にとってはとても幸せな時間となります。小学校後半になるに従い、塾や習い事に忙しくなってご飯を一緒に食べる機会は減りがちですから、せめて小学校前半の間だけでも、一緒の時間をつくりましょう。

それも無理という場合は、せめて休日の朝はパパも早起きをして、娘と食卓を囲む努力をしてみてはいかがでしょうか。一緒に食卓を囲んで娘の顔を見ると、いつもと違う様子などがあれば、気づくこともできます。娘に悩みはないか、学校生活は順調にいっているのかなど、娘の言葉や表情から情報を受けとることができます。食事をしながらだと、娘も案外本心を話してくれるものです。

そして時には、ちょっと素敵な場所での外食もおすすめです。おしゃれなカフェやパンケーキ屋などに娘は興味津々ですから、パパから誘ってあげてください。パパとのおいしいパンケーキデートは、娘にとって大切な思い出になるはずです。

4 叱り上手・ほめ上手になるテクニック

小学校前半から、娘の「扱いが難しくなった」と感じるパパもいることでしょう。特に3年生から4年生になると生意気な言葉が出始めて、パパをギョッとさせることがあるかもしれません。

でもそこでたじろいではいけません。ここからがパパとしての腕の見せどころだからです。

まず絶対にしてはいけない叱り方とはどんなものでしょうか。

子どものワガママな言動についカッとなって感情的に怒る。これは逆効果です。娘もさらに感情的になり、エスカレートする可能性があります。

「～しなさい」という直接的な表現はどうでしょうか。命令口調は威圧的な印象を

あなたはどんな親ですか?

「3つの養育態度が子どもに及ぼす影響」(Baumrind,'1973)を元に作成

該当する箇所にチェックを入れてみましょう。
あなたがどんなタイプの親かが分かります。

A

- □ 子どもとのコミュニケーションがしっかりとれている。
- □ 子どもが直面する問題を一緒に解決している。
- □ 子どもが一人でやろうとすることを応援できる。
- □ しっかりとした教育方針をもっている。
- □ 子どもと意見が対立したときは、言うべきことは言うが、子どもを強制的に追い込むことはしない。

B

- □ 子どもの行動や考えを親としてコントロールしている。
- □ 子どもは親に従うべきと思う。
- □ 秩序の維持や伝統を大切にしている。
- □ 子どもとの対等な会話は不要だと思う。
- □ 子どもの意見はあまり聞き入れないほうだ。

C

- □ 子どもの衝動や行動は制限すべきでないと思う。
- □ 子どもに家事の手伝いをさせることはない。
- □ 子どもがやりたいということは基本的に自由にやらせる。
- □ 子どもと争わずに楽しく暮らしていきたいと思っている。
- □ 育児に自信がない。

Aの項目に多く チェックを入れた方は **指導的な親・ 毅然《きぜん》とした親です。**	正しい人生を歩んでいくために、子どもに要求もしますが、基本的には本人の意思を尊重し、生まれもっている資質を良い方向に導こうと努力をしています。
Bの項目に多く チェックを入れた方は **権威主義的な親です。**	子どもに素直さを求め、基本的に親の言うことには従うべきと考えています。自分の経験値のもとに将来へ導くことが、子どもにとって一番の幸せだと信じています。
Cの項目に多く チェックを入れた方は **甘やかす親です。**	子どもと仲良くやっていきたいという思いが強く、またどのように接したらよいのか分からず、子どもの行動や衝動、甘えをなんでも受け入れてしまいます。

与え、娘の反発を招くことがあります。

「バカだね」「だらしがない」「何をやってもダメだね」など人格的な評価や否定は、娘の心を傷付けてしまう可能性があります。

「勝手にすればいい」「パパはもう知らない」「家から出て行きなさい」などの突き放しは、娘を不安にさせ、娘との親子関係に亀裂が入る危険性があります。

3つの養育態度が子どもに及ぼす影響 (Baumrind, 1973を元に作成)

前頁のそれぞれの親の養育態度が、子どもの将来に与えていく影響を示したものです。

親の養育態度のタイプ	子どもへの影響
指導的な親・毅然とした親	● 自尊感情が高い子ども ● 社会的スキルが高い子ども ● 道徳心が高い子ども ● 学業成績が高い子ども
権威主義的な親	● 人前で言いたいことが言えない子ども ● 自尊感情が低い子ども ● 学業成績は平均 ● 親の目を盗んで悪いことをする子ども
甘やかす親	● 自制心が弱い ● わがままな子ども ● 悪い仲間と付き合ってしまう子ども ● 学業成績が良くない

たとえば子どもが「携帯電話が欲しい」と言ったときに、その気持ちを受け入れつつも、買い与えることができないときは、理由をしっかり冷静に説明できるのが「指導的な親・毅然とした親」、頭ごなしに反対するのが「権威主義的な親」、すぐに買い与えるのが「甘やかす親」です。

パパ塾3

イザというときに効果てきめん！上手な叱り方とほめ方

効果的な叱り方のポイント

1 なぜ叱るのかを明確にして叱る。

叱る理由を分かりやすく、冷静に説明します。なぜパパが叱るのかを理解できれば、娘も素直に納得します。パパは常に冷静を保ちましょう。

NG とにかくダメと言ったらダメなんだ。

NG 子どもなんだから勉強しなさい。

2 娘の言い分もきちんと聴き、頭ごなしに否定しない。

娘には娘なりの言い分が必ずあります。言い分をじっと聴き、冷静に対応しましょう。「なるほど」と思う部分は「分かるよ」と肯定しながら、それでも叱らなくてはいけない理由を静かに説明できればベストです。

NG どうして、こんな簡単な九九の計算問題も分からないんだ。

OK 「九九が分からなくなっちゃうのは、どこの部分だと思う?」と娘の言い分を聴いてから、「じゃあ、一緒に最初からやってみよう」

3 問題の原因となったことだけを叱り、他のことは叱らない。

怒りにまかせて、つい関係のないことまで叱りたくなるのが親ですが、そこはぐっと抑えましょう。

NG いつもゲームばかりしているし、宿題もやらないからだめなんだよ。

OK テストの前日に遊んでしまったのが良くなかったね。今度は前日は遊ばないようにしよう。

4 もって回った言い方はせず、ストレートにさわやかに叱る。

パパが何を言おうとしているのか分からないようでは、叱る効果が出ません。ポイントを外さず、ジャストな言い方でさわやかに叱ることができたら上級者です。

NG（教室でボール遊びをした子に対して）そういうことはしないほうがいいに決まっている。

OK 教室は狭いし、誰かにケガをさせたら大変だから校庭でやろうね。

5 他者と比較して叱らない。

誰かと比較されることほど、傷付くものはありません。叱られる側の気持ちを想像しながら、言葉を選ぶことが大切です。的確な叱り方ができれば、パパと娘の信頼関係は一層深まります。

NG お姉ちゃんはこんなことは1回もなかった。

NG パパはおまえの年には、掛け算なんかぜんぶ暗記していた。

効果的なほめ方のポイント

1 個人をほめる。

就学前の娘は「○○ちゃん、すごいね」というように「すごい！」というほめ言葉が大好きです。たくさんの「すごいね！」をかけてあげましょう。

OK「すごいね！」

OK「えらいね！」

2 結果をほめる。

小学校に入ると、感謝や感情のこもったほめ言葉に反応します。たとえば「お手伝いしてくれてありがとう。テーブルがこんなにきれいになってパパうれしいよ」というように、お手伝いの結果が誰かを喜ばせ、誰かのためになることが娘にとっても喜びとなります。「パパが喜んでくれた」「パパがありがとうと言ってくれた！」と思うことで、娘の中にますます頑張ろうという気持ちが生まれてきます。

OK「ママのお手伝いしてくれてありがとう。今日のごはんは格段においしいよ！」

OK「朝、ポストまで新聞をとりに行ってくれてありがとう。うれしかったよ」

3 過程をほめる。

以前の本人と比べて進歩していることをほめると効果的です。もっともっと頑張ろうと思います。この時期にきちんとほめてもらう経験をしていると、娘は自己肯定感や自尊感情を抱くことができ、前向きに生きる女性へと成長していきます。

OK「一生懸命練習したから、前よりも走るのが速くなっているね」

OK「ピアノが前よりうまく弾けるようになっているね」

OK「きれいな字が書けるようになったね」

5 さわやかな自己主張のお手本はパパ

自分の考えや思いを冷静に理論的にきちんと主張することは、これからの時代、とても大切です。でもこれがなかなか難しく、とくに女性がきちんと自己主張することは、日本では女らしくないといわれてしまうこともあります。パパが期待する娘像はどのようなものでしょうか。どんな環境、境遇にあっても「めげない力」があれば、人生の荒海を悠々と航海していくことができます。そんな「めげない力」を支える1つの武器として「さわやかな自己主張（アサーション）」を身に付けることは大切です。

この力を育むことができるのは、発達心理学の世界では父親だといわれています。娘はパパの背中を見て育ちます。パパがさわやかな自己主張の見本を常に見せることで、娘は自然に学んでいくことができます。

例えば、「ゲームばかりしているから、40点なんてひどい点数をとるんだ。なんでこんなに頭が悪いんだ」と頭ごなしに怒鳴られたら、娘は何も言えなくなってしまい、自分の殻に閉じこもり、言いたいことも我慢するようになってしまいます。

一方、「毎日10分でいいから計算の練習をしてみようか。パパが一緒に見てあげるよ」とさわやかに声がけをすれば、「掛け算のやり方が分からないの。テストになると焦ってしまい、簡単な計算も間違えちゃうんだ」と自分の気持ちや困っている点を娘も素直に話せます。さわやかな自己主張の手本を見せて、始まったばかりの娘の人生をサポートしましょう。

発達心理学キーワード

【さわやかな自己主張】

相手に不快な思いをさせずに自分の考えや気持ちをしっかりと表現することをさわやかな自己主張（アサーション）といいます。相手の心に寄り添いつつ、穏やかに自分の考えや気持ちを伝えます。自ら心を開き、さわやかに自分の気持ちを話すことが大切です。

もしも娘が学習障害と言われたら?

幼児期には気づかなかったのに、小学校に上がり、国語や算数の勉強が始まって学習面の困難が目立つ場合、学習障害が疑われます。知能の発達に遅れは見られないのに、聞く、話す、読む、書く、計算するなどで著しくつまずいてしまう場合です。

学習障害には3つのタイプがあります。

読字障害は文字を読む能力に障害があり、よく似た文字を区別できません。文章を読んでいるうちにどこを読んでいるのか分からなくなったりします。字を読むと頭が痛くなったり、逆さに読んでしまったり。読んでも内容が理解できないなどの症状があります。

書字障害は文字を書くことに困難を示します。黒板の文字を書き写すのが難しかったり、鏡文字を書いたり、読点が理解できなかったりします。

算数障害は数字や記号の理解、認識ができません。簡単な計算ができず、繰り上がりや繰り下がりが理解できません。数の大小の理解が困難などの症状があります。

小学校での学習障害のサインは次のようなものがあります。いくつかある場合は学習障害を疑い、注意深く様子をみてみましょう。

□ひらがなの読み書きが苦手（「わ」「れ」「ね」の区別ができない）
□拗音・長音・促音の読み書きが苦手
□カタカナの読み書きが苦手（ソ、ンの区別ができない）
□漢字の音読み、訓読みの使い分けが苦手
□飛ばし読みをしてしまう
□鏡文字を書く

□助詞を誤って使うことが多い
□暗算ができない
□年齢相応の漢字が書けない

どの障害も早い時期に気づき、支援をする必要があります。そのままにしておくと子どもは「自分は頭が悪い」「勉強ができない」と考え、自信を失います。親としては現実を受け入れ難いかもしれませんが、できる限り冷静に受けとめましょう。

第3章

小学校後半

（10～12歳）

小学校後半　異性に関心や憧れを持つ時期

まさかデート？

身体と心の変化を見守ってあげて

小学校後半になると、女の子のほとんどは生理が始まり、胸がふくらみ始めるなど身体に大きな変化が訪れます。それに伴い精神的にもグッと成長し大人に近づきますが、あまりにも激しい変化についていくことができずに、身体や心の悩みを抱える子も多くいます。たいていは、ママや友だちに打ち明けますが、中には誰にも相談できず一人で悩む子もいるので、周りの大人は注意深く見守ってあげましょう。

10歳ごろになると、自分のことに関心が向き始めます。これまでのようにあけっぴろげに自分の気持ちを言葉にして表すことも少なくなります。親のことも少し距離をもって眺めるようになっていきます。

心理面の発達として異性に対して関心や憧れをもつようにもなります。現代は、10歳の女の子の半数以上が恋をしているといわれています(→P66)。同時に他人から見られていることへの意識が高まり、自分をより良く表現したいという気持ちが強くなります。ファッションやヘアスタイルに興味をもったり、化粧をしたりする子も増えてきます。

1 スマホ問題はパパ主導で解決しよう

「私ね、そろそろスマホが欲しいなぁと思ってるの。ママに言ったら、パパに聞いてごらんなさいって言うから」

例えば、娘のこんな言葉から、スマホ問題が始まります。現代の家庭では避けては通れない道です。

「どうして欲しいって思うの？」と尋ねると、「だってクラスのみんながもっているから」と娘は攻めてきます。ここで「みんなって誰だ？」論争を展開しても埒《らち》はあきません。なぜならここで大切なのは「みんな」ではなく、我が家ではどうするか、なのですから。

携帯電話をもたせる事情は各家庭で異なります。共働きなので小まめに子どもと連絡をとるのに必要、塾に通う娘の居場所を把握しておきたいなど、理由はさまざまです。

娘に携帯電話が本当に必要かどうかは、娘を含め家族で話し合うのがおすすめです。その際、頭ごなしにダメ、早いなどと断定するのではなく、娘の言い分もよく聴き、親の心配、パパの考えも素直に娘に伝えてみましょう。

その上で、スマホをもたせることになった場合、ここからが重要です。しっかり約束をとり決めます。ビジネスでたくさんの契約を交わしてきたパパの腕の見せどころです。スマホを使う時間を決め、それ以外の時間はスマホを居間に置いておくなどスマホ依存対策をとります。もちろん、危険なサイトへのアクセスはできないように契約をするほか、危険なサイトがあることの説明も娘にしましょう。

これらの決め事がきちんと履行されなかった場合は、スマホをとり上げることを最初に明言し、書面にして残しておきます。スマホ問題が、とり決めた約束事は守らなければいけないという社会のルールを教える良い機会となります。

2 娘は自分自身のことが好きか

株式会社ワコールの『10歳の未来』プロジェクト」の調査によると、10歳の女の子は「自分のことが好き」というポイントがたいへん高く、それ以降、女の子のその思いは下がっていく傾向にあると報告されています。

「自分のことが好き」という思いは今の自分に満足しているという「自己肯定感」と深く結びついており、人生を生きていくうえで大切なものです。

娘が「自分のことが好き」という思いをずっともち続けていくために、この時期の娘を父親はどのようにサポートしたらよいのでしょうか。

まずは、娘の良いところを見つけて、どんどんほめてあげてください。ほめることは幼児期からずっと続けてほしいことがらです。なぜなら、ママに比べて、日常接する時間が少ないパパの一言は、娘にはとても大きな影響を与えるからです。「きょうだいの世話をよくしてくれているね。偉いなぁ。パパはうれしいよ」「夕飯の支度を手伝っているんだね。すごいなぁ」なんて言われたら、娘は張り切ってしまいます。いくつになっても人はほめられるとうれしいのです。「フン」というような顔を娘はするかもしれませんが、それは、幼いころのように、ほめられて素直にニコニコはできない年齢になっただけです。「性格が悪くなったんじゃないか」なんて、けっして思わないでください。

「音楽クラブを頑張っているんだね。今度演奏を聴きたいなぁ」とパパが娘の日常に関心をもっていることを伝えるだけでもいいのです。その一言でパパから見守られていることを娘は実感し、自信をもつことができます。

「愛されている実感」は何歳になっても大切。パパは煙たがられようが、うるさがられようが「大好き」「愛している」の気持ちを娘に伝え続けましょう。それが娘の心の安定感を育みます。

10歳は自己肯定感のピーク!

出典:10歳キラキラ白書　2018年版（ワコール　分析：小野寺）

株式会社ワコールが行ったWeb調査によると、女の子の10歳は恥ずかしがらずに積極的に人とかかわり合おうとし、自分のことが好き、自分に満足しているという自己肯定感のピークを迎えています。

自己肯定感の年齢別変化

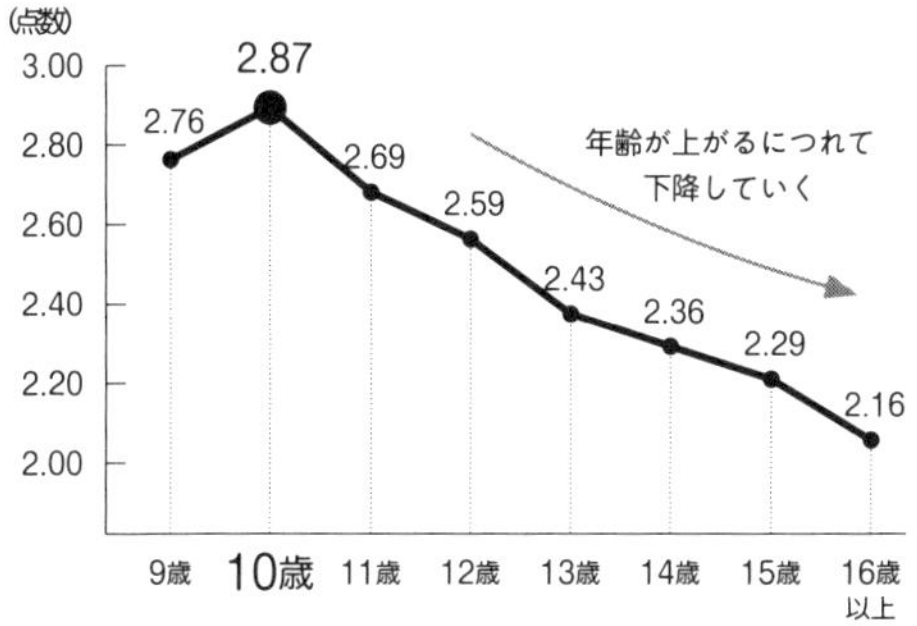

自分には悪い点があり直さなければいけないと気づき始めるのが10歳からといわれています。「今の自分ではダメだ」という思いが強くなっていくため、10歳をピークに数値は下がっていきます。

※グラフは、自己肯定感を測る項目の回答を得点化し、合計の平均値を算出したものです。

「人とのかかわりが好き」年齢別変化

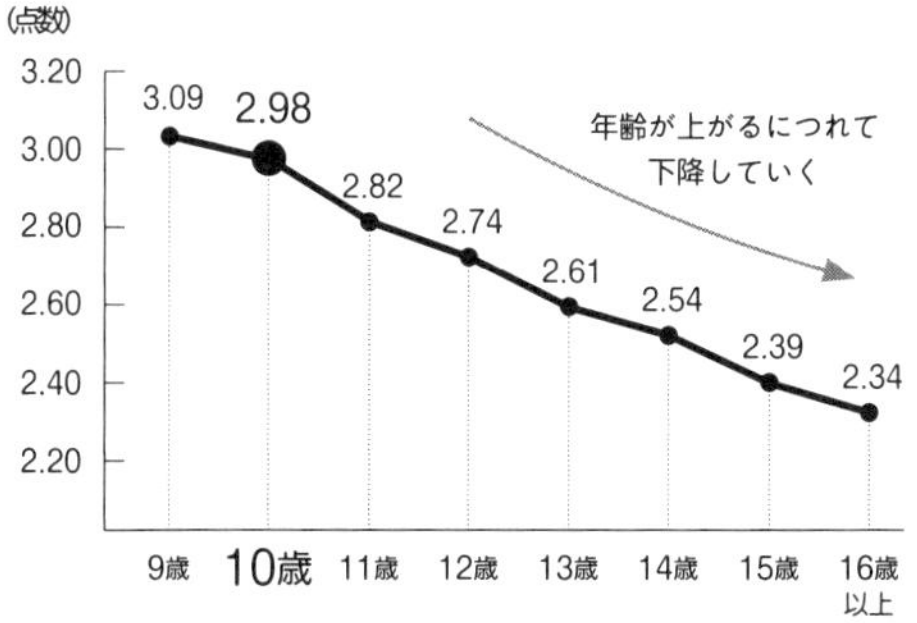

「人とかかわりたい」という思いは年齢とともに下がっていきます。10歳はまだまだ高得点です。

※グラフは、恥ずかしがらずに積極的に人とかかわろうとしているかどうかを測る項目の回答を得点化し、合計の平均値を算出したものです。

調査対象: ガールズばでなび（http://www.wacoal.jp/girlsbody)」（小学生・中学生の女の子向け下着の悩みを解決するサイト）訪問者3299名（10歳＝321名）

3 恋バナ大好き娘を冷静に見守ろう

今どきの小学生の女子は、低学年のころから友だちと恋バナ（恋の話）で盛り上がります。誰が誰を好きという話は女子の好物。誰かを好きなのは、この時期の女子には日常のことなのです。だからバレンタインデーに娘がいそいそと好きな男子にチョコレートを用意しているからといって、パパはツッコミを入れたりしないようにしてください。娘が順調に成長している証拠なのですから。

高学年になると、恋に憧れるだけではなく、実際にデートなんてこともあります。ＬＩＮＥやメールでのやりとりもあり、パパは気が気ではありませんね。昔と違い、ネットを通して見知らぬ男性と知り合いになったりする危険性も増えているので、注意が必要です。

娘の言動に少しでも違和感があったなら、穏やかに、冷静に尋ねてみましょう。パパが威圧的に娘に対応すると、それが裏目に出て娘がかたくなになり、心を閉ざしてしまうこともあるので注意が必要です。ここは社会で培ってきた大人のコミュニケーション能力を発揮するときです。娘の気持ちに寄り添って話を聞いていけば、娘は本当の悩みを打ち明けてくれるはずです。

そして危険な世界に足を踏み入れていなければ、娘を信じ、恋を応援してあげましょう。

10歳の79%が「恋している!」

出典:10歳キラキラ白書 2018年版（ワコール）

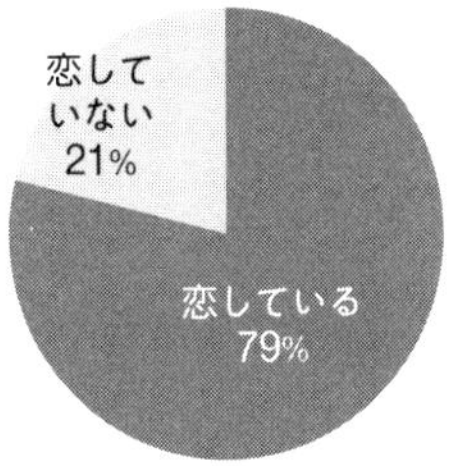

恋をしていますか?

2016年の調査では「恋している」は69%、2017年は74%でした。女の子はどんどんおませになっています。

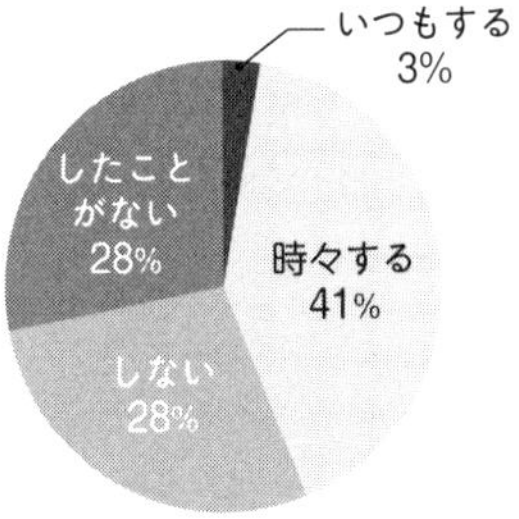

化粧をしていますか?

「いつもする」「時々する」を合わせると44%。10歳の自分の娘がお化粧をしていたとしても、不良娘になったわけではないので、ご安心を。

4 頑張る娘をサポートしよう

「計算問題が苦手」「かけっこが遅い」「私ってダメかも」など劣等感を抱くようになるのもこのころです。他人と自分を比べて、落ち込むことは誰にでもあります。

娘がなんだか元気がないときに、「どうしたの？」と理由を尋ねると「友だちの○○ちゃんよりも、算数のテストの点数が悪くてショック」と娘。さあ、パパならこんなとき、娘にどんな言葉をかければよいでしょうか。

悪い点数を聞いて「しっかり勉強しないからだ」「なんでできないのか、パパには分からないよ」「頭が悪い」などと言ったら、もう二度と娘はパパと口をきかなくなるかもしれません。

日本の子どもはアメリカ、イギリス、韓国などと比較して「自尊感情」が低いといいます。それは日本の教育が、悪いところを指摘することで、より良くしようという指導に力を注いでいるからだといわれています。それに対し、海外では良い点を見つけて、ほめる、伸ばす教育が行われています。家庭では娘をほめて、自信を付けさせてあげましょう。

また、もしもパパに学歴主義があるなら、それは早いうちに手放してしまうのが正解。学歴だけがすべてではないことを、社会経験が豊富なパパはもう分かっているはずです。

勉強ができると親は安心しますが、勉強

自分自身に満足しているか

内閣府『平成26年版　子ども・若者白書』（日本を含む7ヵ国満13〜29歳の若者を対象とした意識調査より）

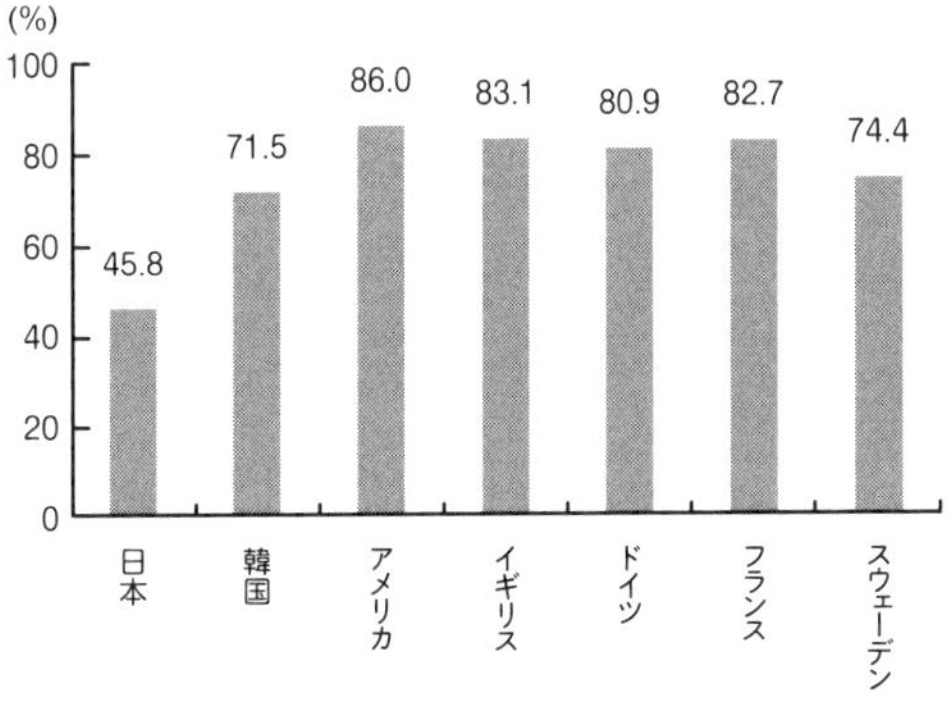

自分に自信のある日本の子どもはアメリカの約半分。中学生くらいから、「自分は人よりも劣っている人間」「人とかかわるのが苦手」と思ってしまう子どもが増えていきます。

※数値は「私は自分自身に満足している」という問いに対し「そう思う」「どちらかといえばそう思う」と回答した人の合計をグラフにしたものです。

は1つの物差しにすぎません。例えばクラブ活動を頑張っている、字をていねいに書く、走るのが速い、絵が上手など、他の尺度で娘の長所を見つけて評価してあげましょう。

また、娘が勉強を頑張りたいという意思があるようなら、勉強のやり方、ノートのとり方、授業の聞き方などを確認してみましょう。小さなつまずきや改善点を見つけ、具体的にアドバイスをしてあげることで、勉強や授業がグンと楽しくなることもあります。そして結果を出せたときは思い切りほめてあげましょう。

発達心理学キーワード

【勤勉性と劣等感】

「勤勉性」は、児童期（6〜12歳）に達しておくべき発達の課題です。そして勤勉性には勉強だけでなく、道具を器用に使ったり、手作業を上手にこなしたりする経験が含まれます。逆に道具や手作業を上手にこなせないことや勉強ができないことを大人が「不器用だ」「頭が悪い」などとレッテルを貼ると、自分の能力に対して望みを失って「劣等感」をもつようになります。

5 娘にとってパパは最後の防波堤

小さいころはなんでも話してくれたのに、高学年になった娘には秘密がいっぱい。ママとは陰でコソコソとやっていてもパパには何も教えてくれません。あの素直でかわいかった娘は一体どこに行ってしまったのだろうと嘆くパパの気持ちも分かります。

小学校後半になると、女性らしい身体になって、生理も始まるなど、娘自身も自分の変化に戸惑っています。まだまだ子どもでいたいのに、身体はどんどん大人になっていくことに、嫌悪感を抱く女の子もいます。また、心や身体の成長には個人差があります。それゆえに、友だちと比べて劣等感を抱いてしまうなど、悩みを抱える子もいます。小さいころと異なり、親になんでも話すということもなくなってきます。自分一人で解決しようと試みたり、相談するのは友だちだったりします。でもそれは娘が成長している証。娘がもち始めた自分の世界をリスペクトして静かに見守ってあげましょう。

この時期の子育てのポイントは「待つこと」と「見守ること」です。親に見守られているという安心感のもとで、子どもは自ら成長していきます。自然にハイハイし、つかまり立ちをし、一人歩きをするようになったように、心も自ら成長していきます。

大切なのは「いつでも見守っているよ」「困ったときには必ず相談してね」と何かの機会に娘に伝えておくことです。誕生日プレゼントのカードにそっと一言書いておくのも手です。実際には相談はなくても、パパが守ってくれていると分かっているから、娘は安心して前に進んでいけるのです。

娘が声や態度に出してくれなくても、パパは娘にとって最後の防波堤。大きな存在です。

6 好きなものを見つける幸せを伝えよう

人生を生きるうえで「好きなもの」を見つけることができた人は幸せです。娘にも見つけてほしいですね。

そのためには娘にさまざまな体験をさせてあげてください。ピアノを習わせる、バレエや日本舞踊をやらせる、スイミングに通わせる、書道をさせるなど、さまざまな習い事がありますが、お金をかけて習い事をさせることが「好きなこと」を見つける手段ではありません。

娘と一緒に畑を耕してみる。庭で草花を育ててみる。昆虫を捕まえる。博物館や美術館に行く。海で泳ぐ。トレッキングする。キャンプや釣りを体験する。冬はスキーに行く。車や電車を使って見知らぬ土地を一緒に旅するなど、すべてのことが娘にとっては大きな刺激になります。

特に都会暮らしの娘であれば、山や海や見知らぬ土地に行くことにより、大自然の大きさや素晴らしさ、世界の広さに気づくことでしょう。このようなダイナミックな体験を一緒にすることで、娘の視野は大きく広がります。

今自分がいる場所がすべてではないことに気づくと、人は救われる気持ちになることがあります。クラスの中で自分が浮いてしまっていると感じていたとしても、そこだけが世界のすべてではないと知っていれば、娘は強く生きていくことができます。

たくさんの経験をし、「好き」をたくさん見つけることで、娘の心はぐんぐん成長していくことでしょう。すぐには役に立たないかもしれませんが、この時期に得た「好き」は、心の中で「希望」という名の小さな種となります。いろいろな種の中から、どんな芽が顔を出すのか、気長に待つのも子育ての醍醐味です。

7 娘の心を開く鍵を見つけよう

なんだか悩みがありそうな娘の表情。そんな時パパは娘にどんな声がけをし、どのように娘の心を開いたらよいのでしょうか。小学校後半になると、友だちや先生など学校での人間関係が大きな課題となっていることがあります。いじめほど大きな問題でなくても、友だちとケンカした、友だちができない、先生とうまくいかないなどの悩みで、娘の胸はいっぱいかもしれません。以前のように気軽に親とは話をしなくなっているので、心を開かせるにはテクニックが必要です。

まずは「すべての答えは娘の中にある」という意識をもつこと。いきなり忠告を与えようなどと思ってはいけません。娘が気軽に話せる雰囲気をつくりましょう。買い物に連れ出す、ドライブに誘うなど日常とは違う場所に行くことで、心がほぐれて、素直に話ができるようになることもあります。パフェやパンケーキなど娘の好物があるレストランなどに行くのもよいかもしれません。娘が気持ちよく自分から話せるように、心を配ってみましょう。

しかし、娘とコミュニケーションをとろうと試みているのに、なぜか上手にいかないということもあるでしょう。小学校後半ともなると、娘も一筋縄ではいきません。上手くいかない場合は、無理をしないで静観し、ドーンと構えましょう。何が来ても揺るがない自信に満ちたパパでいてください。

そしてもし、娘から相談をもちかけられたなら、聴き上手になりましょう。傾聴（→P76）のテクニックを用います。コミュニケーションはキャッチボールです。強いボールを投げれば、相手からも強いボールが返ってきますし、やさしいボールを投げると、相手からもやさしいボールが返ってきます。娘の心が傾聴によって癒やされれば、次に何かあったときも「パパに話を聞いてもらいたい」と思ってくれるようになります。

パパ塾 4

傾聴のコツ

姿勢・表情・話し方について

- リラックスした姿勢をとります。
- 腕組みをしたり、身体をゆすったりするのはNGです。
- 無理に笑顔をつくったりしないで、自然な表情で。
- 子どもの目線と同じ高さになるように向き合って座ります。
- 話すスピード、声のボリューム、トーンを子どもに合わせます。

傾聴のポイント

- 娘が言おうとしている意味をきちんと聴きとりましょう。
- 娘の話をあるがままに受けとりましょう。
- 話の背後にある娘の気持ちを理解しましょう。
- 助言・忠告はしません。
- 自分の価値観を押しつけないようにします。
- 「きちんと聴いていますよ」のサインとして、時々うなずき「そうなんだ」「その気持ち分かるよ」など相づちを打ちます。

傾聴のプロセス

- 「今、◯◯ちゃんが言ったことは、□□ということなんだね」と繰り返します。

⬇

- 「◯◯ちゃんが言いたいのは□□ということ?」と要点を明確化します。

⬇

●「○○ちゃんは□□のことで困っているんだね」と言葉を返します。

⬇

●「これまでの話から、□□という気持ちなんだね」と要約します。

⬇

●「なるほどね」「それから？」「もう少し詳しく教えてくれる？」などと促し、話を発展させます。

「すべての答えは娘の中にある」という意識をもつと、娘もきっとパパに心を開いてくれることでしょう。きちんと向き合ってくれたことで娘もパパを信頼します。この時期に培われた娘とパパの信頼関係は生涯にわたり続きます。

8 娘が意見を言ってきたら、まず認めよう

日本では「素直な子」が「いい子」という評価をされがちです。親も我が子に素直さを求めます。けれども素直な子が本当にいい子なのでしょうか？

親や教師の言うことに素直に従い、従順な子は大人から見て、扱いやすい子です。けれどもそれは扱いやすい子を求めている大人の身勝手な考え方ともいえます。日本の子どもたちの自尊感情（↓P67）が他国に比べて低いのは、日本人に根強く残っている「素直な子」＝「いい子」願望が、自尊感情の発達を阻害しているのではないかともいわれています。

娘が従順で素直だと親は扱いやすくてうれしいかもしれませんが、娘の本心はどうでしょうか。我を張ったり、自己主張したりしないのは、もしかしたら親とぶつ

かりたくない、面倒なことになるぐらいなら親の意見に従っておくほうが楽だと思っているのかもしれません。でも「素直」と「無気力」は違います。

「こうしたい！」「こっちがいい！」と主張しても受け入れられないことが重なると、子どもは自己主張しても無駄だと諦めてしまいます。主張してもどうせ親の意見のとおりになるのなら、親の言うとおりにしておいたほうが楽だと考える癖がついてしまい、自分で考え、選び、決断する力を養う機会を失ってしまいます。そのまま長じると、指示待ち人間になってしまう可能性があります。社会人になってからも、優柔不断で決断できない、反論も主張もできないようでは仕事もうまくいかないでしょう。

パパは素直な娘よりも自己主張できる娘を高く評価できる器をもってください。そして娘に反抗期がやって来て、意見を言ってきたら、それがすぐに間違いだと分かっても、まずは受け入れて認めてあげましょう。

親が考える“いい子”のチェックリスト

「親のよい子願望尺度」(市毛・大河原, 2009)を元に項目を削除、追加し作成

あなたが、娘に望んでいる項目にチェックを入れてみてください。

A 学校・社会でのいい子

- □ 成績はクラスの上位であってほしい
- □ クラスでリーダーシップをとる立場になってほしい
- □ 先生に好かれる子であってほしい
- □ 勉強することに意欲的であってほしい
- □ まじめにコツコツ努力をする子であってほしい
- □ 誰に対しても礼儀正しい子であってほしい

B 感情面でのいい子

- □ 毎日、明るく元気な子であってほしい
- □ 小さなことで落ち込まない子であってほしい
- □ 自分で考え、決められる子になってほしい
- □ 愚痴や言い訳を言わない子になってほしい
- □ 人に嫌なことをされてもイライラしない子であってほしい
- □ 同じ失敗を繰り返さない子であってほしい

C 家庭内でのいい子

- □ 家族を困らせない子になってほしい
- □ わがままを言わない子になってほしい
- □ 自分から進んでお手伝いをする子になってほしい
- □ 早寝早起きが出来る子になってほしい
- □ 食事の好き嫌いを言わない子になってほしい
- □ 親の言いつけを素直に聞く子になってほしい

親が子どもに願望を抱くのは自然なことです。しかし、直接言葉にしなくても、子どもは親の顔色をうかがい、「いい子」になろうとします。この「いい子」願望を強く受け止めてきた子ほど、他人から高い評価を受けることが大切だと思う傾向が強くなります。たとえば、社会人になり、仕事で小さなミスをして叱られただけで、自分の全人格を否定されたような気分になって落ち込んでしまったりします。10個以上の項目にチェックをつけたパパは、気を付けましょう。

9 お金の価値をきちんと伝えよう

親子でお金の話はしていますか？「子どもにはお金のことで心配をかけたくない」「お金の話は内緒にしておこう」というのが親心だと思っていたら、それは大きな間違いです。お金の大切さは子どもにもきちんと伝えなければいけません。

娘が小学生になったら、パパとママが働いて稼いでいるからお金が入ってきて、家族は食事をすることができ、好きな服を着ることができることを教えましょう。仕事をしなければお金はもらえないことを子どもも理解できます。どこからかお金が湧いて出てくるわけではないことを知らせなくてはいけません。

家族のために働いてくれているパパやママへ「ありがとう」の気持ちをもつことができますし、自分も大人になったら働くのだという自覚も芽生えます。

お金の価値を教えるにはお小遣いを渡し、子どもに管理することを学ばせます。自分のお小遣いで物を買うれしさは格別です。高価な物を買うには、お金を貯めなければならないことも分かります。娘に渡したお小遣いは娘自身が管理できるよう、お小遣い帳をつけさせるなど、パパは適切なアドバイスをしてあげましょう。

お年玉をいくら渡すかは、それぞれの家庭で決めます。娘の年齢に見合った額を渡しましょう。祖父母から高額なお年玉をもらった場合は、娘とよく話し合い、娘の名義で通帳をつくり、銀行に預ける方法もあることを伝えます。

お金は生きていくうえで重要なものであり、大切に扱う必要があることを娘に伝えましょう。大人になったらきちんと働き、報酬を得て、やがて親元から自立していくことが娘にとっての大きな目標となるように導くことが大切です。自分でお金を稼ぐことにより、子どもは大人になり、いろいろな物を買う自由、好きな所に行く自由を獲得できることを教えましょう。お金を稼ぐことは素晴らしいことだと子ども心にも理解できるはずです。

娘がＡＤＨＤだと分かったら

小学校に上がった娘が授業中なのに落ち着きがない、忘れ物が多いなど担任から注意を受けるようなことが頻繁にある場合は、ＡＤＨＤ（注意欠如・多動性障害）が疑われます。原因は、先天的な脳機能障害といわれていますが、詳しいことはまだよく分かっていません。ＡＤＨＤの特性があっても、生活に支障がない場合は気づくことが遅くなる場合も多くあります。さまざまなことに興味を示したり、すぐに行動したりなど、逆にＡＤＨＤの特性が長所としてプラスに作用し、社会的に大きく成長できる子もいます。

一方で、ミスの多さや落ち着きのなさをいつも叱られていると、本来持っていた積極性が次第に消えて自信を失ってしまう可能性もあります。医師や専門機関に相談し、適切な支援やサポートを受けましょう。

第4章

中学生

（13～15歳）

中学生　精神的な葛藤を抱える時期

大人は観察されている

わが子も一人の人間

中学生は、アイデンティティを確立させる時期です。自分はどんな人間なのか、自分らしさとはなんだろうと考えることがアイデンティティ確立の第一歩です。無口になり、反抗的な態度もとりますが、親から精神的に自立しようと葛藤している時期ですから、親はそれを応援してあげましょう。

いつまでもかわいい子でいてほしいという考えは親のエゴにすぎません。後追いし、子どもの自立を妨げたり、親の価値観や意見を押し付けたりしないようにしましょう。

時には学校のことや友人のこともまったく話さなくなります。親よりも、同性の仲間との親密な関係を大事にし、異性にも関心をもつようになります。これはきっとパパも通ってきた道です。「困ったこと、悩みができたらいつでも相談にきてね」と親としてのスタンスを伝えておきましょう。

そしてもし娘から悩みを打ち明けられたら、まずは冷静にその悩みを受け止めます。幼児期、児童期には親と子は一体感をもっていました。この時期のわが子は、子どもであっても別の人格をもつ存在として認め、人生の先輩としてアドバイスをしてあげましょう。

1 ママと娘のバトルはママの味方に

パパが疲れて仕事から帰ってくると、なんだか家の中が険悪な雰囲気。

「私はママとは違うんだ！　ママなんかに私の気持ちは分からない。勉強、勉強ってうるさい！　ママだってこの数学の問題解けないくせに！」

娘は言いたい放題です。ここで我関せず、見ない振りというのはダメです。

じっくりゆっくり二人の言い分を聴いた上で、余程どちらかが悪い場合は別として、基本的にパパはママの味方をしましょう。一時的に娘には恨まれるかもしれませんが、家庭ではママが幸せに笑っていることが、家族みんなの幸せにつながるということを、いつか娘は分かってくれます。そして「ママもパパもお前のことを第一に考えているよ」という気持ちも娘に伝えます。

中学生は半分大人、半分子どものとても難しい時期。勉強、クラスの友人との人間関係、部活での先輩後輩の関係、将来のこと、進学、自分でも訳の分からない自意識、劣等感を抱え、いつも何かに苛立っています。それは年相応の「不機嫌」です。そんな時期であっても、親同士が仲良しであることは娘にとってうれしいことで、夫婦間に信頼関係があると、子どもに抑うつの症状が出る傾向が低くなることが分かっています。

子育ても中盤戦。ママとパパは難しい時期の娘を育てる同志として共同戦線を張り、一緒に困難を乗り越えて、夫婦の絆を深めるチャンスととらえましょう。反抗期の娘は家で留守番をさせて二人で食事などに出かけてしまい、信頼し合っている夫婦ということを娘にみせるのもよいかもしれません。

娘の気持ちアンケートより

母とケンカしたときに「お母さんを悲しませたら許さない」と父が私に言った。母に対する愛情を感じた。今も変わらず、父と母はお互いを尊敬し合っている。／20歳

2 パパなんて大嫌い！ に傷付かないで

学校や友だち付き合いを中心にライフスタイルを築き上げ、仲良しだったママとさえも距離を置くようになります。少しずつ親離れの準備を進めている娘の姿に、寂しさを感じる時期かもしれません。

特にパパに対しては、口をきかない、口を開けば、「キタナイ」「クサイ」「ウザイ」などと、これまでのかわいい娘からは想像もできないような言葉が出てくることもあります。でもどうか傷付かないでください。なぜなら、この時期ならではの娘の特徴だからです。

パパを異性と意識するあまり、娘はいったん離れていこうとします。「好き」の裏返しで欠点が見えてしまう状態と言ってもいいでしょう。食事やドライブ、旅行に誘っても、付いてこないのは順調に成長している証拠です。友だちと出かけるほうがずっと楽しいのです。

では、すっかり肩身が狭くなったパパは家庭の中で、どのように振る舞えばいいのでしょう。青年期の娘とその父親・母親に実施した調査によると、夫婦間の仲が良いほど、また妻の夫への信頼感が高いほど、娘の父親に対する反抗的な気持ちや不安は低いと報告されています。

この時期の娘にとって父親は、同性である母親を介在した存在であり、母親が父親に対して家庭内で肯定的なコメントをしているか、否定的なコメントをしているかで、娘の父親に対する印象は大きく変わることが分かっています。

母親から肯定的なコメントを受け、父親に対して良いイメージをもっている娘は、父親の生き方や考え方を受容する傾向にあり、このような家庭で育った娘の幸福感は高く、抑うつの症状が出る傾向は低くなるといわれています。

つまり、この時期にパパがやるべきことは、気難しい娘と毎日対峙しながら家事、そして仕事もフル回転でこなしているママをやさしく支えてあげることです。まずはママに感謝の気持ちを言葉にして伝えましょう。ママの精神状態は娘の気持ちに大きな影響を与えます。ママが明るい気持ちでいれば、家庭も明るくなり、かたくなになっている娘の心も自然にほぐれていきます。

また、娘にとって両親は唯一の夫婦モデル。将来「パパとママのような夫婦になりたい」と思うのか、「パパとママのようにはなりたくない」「結婚なんかしたくない」と思うかは、両親の夫婦仲が大きく影響しているといわれています。感受性豊かなこの時期の娘は、距離をとりながらも、しっかり大人を見ています。

発達心理学キーワード

【第2次反抗期と青年期平穏説】

青年期の反抗は第2次性徴発現の時期とも重なり、心身のバランスが崩れることによる葛藤が態度に現れたものといわれています。しかし近ごろは、反抗期のない仲良し親子も多く見られるようになってきています。青年期平穏説といい、子どもの意見を尊重し自由な生活をさせてくれる父親が増え、葛藤する理由がなくなったからだといわれています。親子関係は時代とともに変化しているのではないでしょうか。

娘が良い印象を持つ「素敵なパパ」チェック（小野寺 2018）

あてはまる項目が多いほど娘は良い印象を抱いています。
1つでもチェックが増えるように努力してみましょう。

- □ 身だしなみに気を付けている。
- □ 運動や食事に気を付けて、若いころの体型を維持している。
- □ 休日のカジュアルファッションには自信がある。
- □ 休日は家でダラダラするよりも、妻と外出したり、スポーツしたりアクティブに過ごしている。
- □ 仕事以外に自分の趣味を持ち、友人も多いほうだ。
- □ 常に新しい情報を収集し、食卓などで会話が盛り上がるように努めている。
- □ 誕生日など家族の記念日、行事を大切にしている。
- □ 娘の日常については、妻と常に情報共有をしている。
- □ 家事は妻と話し合って分担している。特に力仕事は買って出ている。
- □ 出張したときは必ずお土産を買って帰る。
- □ 仕事で嫌なことがあっても、家庭には持ち込まない。
- □ 目標や夢を持って生きている。

これをやったらOUT・絶対にしてはいけないリスト

あてはまる項目が1つでもあったら、すぐにやめましょう。

- □ 娘の大切にしているタオルを無断で使う。
- □ 自分の洗濯物を片付けるついでに、娘の下着も片付けている。
- □ 下着姿、または裸にバスタオルを巻いた姿で部屋をうろつく。
- □ 娘の着ている服に意見を言う。
- □ 娘のスマホやノートをのぞき見することがある。
- □ 娘の部屋に勝手に入ることがある。
- □ 娘の体型に口を出す。（「最近太ってきたね」など）
- □ 娘が言うことを聞かないと、つい怒鳴りつける。
- □ 娘に自分の自慢話をする。
- □ 妻の悪口を娘に言う。
- □ 娘の前で妻とケンカをする。

3 たまには娘の前で本音を語ろう

娘が思春期真っ只中の嵐のような日々、もしくは嵐の前の静けさの中にいるころは、パパも実は大変な時期だったりします。仕事では中間管理職として上と下にはさまれ、責任も大きくなります。家のローンに子どもたちの教育費、それに娘の反抗期まで加われば音を上げたくなるかもしれません。

そんなときは、無理せず、娘に本音を語ってみるのもいいかもしれません。これまで仕事の話をしたことのなかったパパから聞く「社会」は、娘にとって新鮮なこと。大人の世界を少しずつ理解していく年齢ですから、仕事や会社のことを知っていくことも必要です。

パパやママが家族のために頑張って働いていること、仕事は楽しいことばかりではないけれどやりがいもあること、仕事を通して社会に貢献できることなど、娘はパパの話からきっと多くのことを感じ、学ぶことでしょう。

第2次反抗期と呼ばれ、大人や親に対して批判的になる時期ですが、心も身体も大人にぐんぐん近づいていきます。真摯に話すパパの言葉をすべてではなくても理解できるようになっています。娘はパパを冷静に観察して、自分に正直に向き合ってくれているかどうかを判断します。本音で話すパパ、たまには弱音を吐くパパの姿を娘はきっと受け入れてくれることでしょう。

今は無理だとしても、いつの日か娘にも、パパの苦労が理解できる日が必ずやってきます。

娘の気持ちアンケートより

15歳のとき、料理上手でやさしい父が、私のわがままをきいてくれた。それはクリスマスケーキが食べたいというもの。父は3日間試行錯誤を繰り返してお城のようなケーキをつくってくれた。自分のために父が頑張ってくれたことがすごくうれしかった。／21歳

パパ塾5

中学生の娘に言ってはいけないＮＧワード

NG 生意気な口をきくんじゃない。これまでお前のためにどれだけのことをしてきたと思っているんだ。

NG 一人で大きくなったと思っているのか。

パパにこんなふうに言われると、売り言葉に買い言葉、娘からは「産んでって頼んだわけじゃない！」というような強烈なパンチが返ってきそうです。

中学生は「不機嫌な時代」です。何かにいつも苛立っています。自分でも制御できず、自分で自分に手を焼いているのです。そこへ火に油を注ぐような言葉を放つのはやめた方が無難です。なんの解決にもなりません。ここはパパが大人としての冷静さを態度で示してください。

お前のためにこれだけのことをしてきた、何かを犠牲にしてきた、というような言葉は娘にとって負担となります。親は子どものためを思い、自分がやりたくて娘にしてきたことです。娘からたくさんの喜びをもらってきたことを忘れないようにしましょう。

NG おっ、よく食べるね。

NG ちょっと太ったんじゃない？

この時期の娘にとって、身体のことを言われたり、食欲のことをあれこれ言われたりするのは一番傷付きます。

中学生の女子は一生の中でも一番食欲があり、成長期の真っ只中。たくさん食べて、太っていて当たり前。「ヤセ」の願望が強い日本の女子ですが、中学生はまだ育ち盛りです。たくさん食べて、健康な身体の基礎をつくらなければいけません。パパの不用意な一言で娘を傷付けて、摂食障害など大変な事態に陥ってしまうこともあります。注意しましょう。

NG 女のくせにだらしがない。

NG 少しは女らしくしなさい。

NG 女っぽくなったんじゃない？

中学生の娘は「女」という言葉に敏感です。「女らしく」という言葉は娘の世界を狭め、窮屈なものにしがちです。女も男も関係なく、自分らしく生きることが大切なのは、社会経験が豊富なパパが一番分かっていることです。自立に向かう娘の気持ちをしっかりサポートしてあげましょう。

NG 化粧なんてやめなさい。

NG スカートが短すぎるぞ。

本音を言えば女の子らしくないのも心配ですが、逆に女らしくなる娘のことも心配になるパパの気持ちはよく分かります。「中学生なのに化粧なんてしてどこへ行くんだ？」と気になりますよね。短すぎるスカート丈や露出の多い服にもハラハラすることでしょう。

化粧や服装は娘の自己表現の1つです。不相応に金額の高い服をもっている、華美すぎる化粧をしている場合は気を付ける必要がありますが、中学生として許せる範囲内のものであれば、静かに見守りましょう。次第に自分に似合う服や表現方法も分かってくるはずです。

発達心理学キーワード

【青年期の父娘関係】

子どもは4歳のころ、同性の親に対してはライバル心や嫉妬心を抱き、異性の親に対しては性的な愛着を抱きます。これをフロイトは「エディプスコンプレックス」と名づけています。青年期になると異性の親に対する願望は解消され、娘は父親との関係から、自分が生きていくためのエネルギーを見出していこうとします。また、恋愛や職業選択に父親は大きな影響を与えていくといわれています。

4 娘の前で夫婦ゲンカはタブーと心得て

40代を迎え、仕事の責任が増して忙しくなった分、パパの帰りは遅くなり、ママのイライラが蓄積してある日爆発！　夫婦ゲンカが勃発しました。

「家のことは私に任せっきりで、自分は付き合いや仕事優先。結婚なんてするんじゃなかった！」「私だって仕事を続けていれば、もっともっと輝けたのに！」。

ついつい言い募ってしまいたくなるママの気持ちも分かりますが、娘の前での夫婦ゲンカはやめましょう。

ママとパパの仲の良い悪いが娘の将来を決める！　と言っても過言ではありません。なぜなら、ママとパパは娘が知っている唯一の夫婦モデル像。見習うモデルであると同時に反面教師でもあるからです。

仲の良い両親を見て育った子どもは自己肯定感や自尊感情が高いといわれます。それに対し、仲の悪い両親を見て育つと、自分には価値がないと感じる場合が多いようです。自分という存在に意味がないと感じ、自分など生まれなければ良かったのではないかと思ってしまうこともあります。自分のことが原因で夫婦ゲンカになった場合などは、いたたまれない気持ちになることでしょう。

居心地の悪い家から逃げ、友人宅を泊まり歩いたり、ＳＮＳで知り合った男性と交際したり、自分を大切にしない行動に出ることもあります。娘にとって両親の不和はつらいものなのです。

また、娘の結婚観にも多大な影響を与えることでしょう。結婚に対して懐疑的になり、自分は幸せな結婚はできないと思い込み、結婚を人生の選択肢の中から排除したりしがちです。

夫婦ゲンカは場所を選ぶか、しないに越したことはありません。それが娘の幸福につながります。

5 進路や進学相談はパパの得意分野だ

進路について悩みをもつようになるのも、この時期です。これまで順調に育ってきたと思われる娘でも、娘なりの悩みを抱えます。「勉強するのは好きじゃない」「タレントになりたい」「将来は漫画家になりたい」。娘は自分の夢と現実の狭間で迷子のような心もちになったりします。そんな時、パパが人生の先輩として、娘の話をじっくり聴いてあげることが大切です。

現在は、女性も結婚、子育てをしながら仕事を続けていく時代になりました。娘の長い将来を思えば、青年期のこの時期に、やりたい職業の方向性が見えてくると、それに向かって地道に準備することができます。社会の中でもまれているパパだからこその的確なアドバイスで、娘の前に広がる多様な選択肢を教えてあげましょう。

反抗期に入った娘と意見を交わしたりするのは大変なことかもしれません。しかし、娘はパパが権威をふりかざし自分のことをコントロールしようとしているのか、本当に心から心配してアドバイスしてくれているのかを、するどい観察眼で見抜いています。生意気な言葉を投げかけてきたとしても、本当は社会経験豊かなパパを頼りにしているのです。

発達心理学キーワード

【父娘関係が娘の職業観に影響】

『キャリア・ウーマン――男性社会への魅力あるチャレンジ』（税所百合子・訳 1978）という1970年代にアメリカで出版された本があります。内容は、当時のアメリカ社会で活躍する25名の女性重役にインタビューしたものです。この中で注目したいのが、彼女たちの父親が一様に「勉強することに男女の差はない」「結婚する、しないにかかわらず、自立して生活できる方法を見つけなさい」という養育態度だったということです。父親が娘の意思を尊重し、性別役割にとらわれずに育てた場合、娘は社会に役立つような仕事をしたいと思う傾向が強くなるといわれています。

この時期父親が投げかける一言が、娘の職業選択に良い意味でも悪い意味でも影響を与えます。

もしも娘が不登校になったら

まさかの娘の不登校。「学校に行きたくない」と言われた時のママやパパのショック、驚きはどれほどでしょうか。「どうして我が子が不登校に?」「何がいけなかったのだろう。育て方?」「学校側に何か原因があるのだろうか?」。

あれこれ思い悩む前に、まずは落ち着いて娘と対峙しましょう。娘に対し矢継ぎ早の質問をすることは慎みます。話さないのは、話すことでより自分が苦しくなるので自己防衛しているとも考えられます。強制すれば、両親に対して娘が心を閉ざしてしまう可能性もあります。まずは娘が心を開き、それについて語ってくれるのをじっくり待つ構えが大切です。焦る気持ちはよく分かりますが、「待つ」「見守る」ことです。「いじめ」が原因のこともありますから、無理矢理学校に行かせるようなことはやめたほうがよいでしょう。

不登校の理由は主に3つに分けることができます。

1つめは友人とのトラブル、いじめ、担任との不和など学校生活に起因するもの。2つめは家庭環境の急激な変化や家庭内での不和。親子関係をめぐるトラブル。3つめは本人の性格、情緒不安定、発達障害など本人に起因するもの。

しかし、子どもが学校に行きたくない理由はさまざまで、本人もその理由がよく分からない場合もあります。「なぜ学校に行きたくないのか？」と尋ねても、本当に理由がないこともあるので、追い詰めないようにします。

パパやママが自分の気持ちをしっかり受け止めてくれていると感じると、娘の情緒も安定し、心を開いて、自分の気持ちを話してくれます。焦らず、ゆっくりと「傾聴」（↓P76）の心構えで娘の話に耳を傾けましょう。

娘の気持ちを理解したうえで、学校の担任やスクールカウンセラーに連絡をとり、相談する機会をつくります。クラス内でトラブルがないか、先生との関係がうまくいっているかなど話し合います。

客観的な立場からアドバイスしてもらうために、学校以外の教育相談機関を利用することも有効です。外部からのアドバイスで、解決の道が開けることもあります。

長い期間の不登校となると親の心配は想像を絶するものがありますが、焦らずにじっくりと娘と向き合い、子ども自身が成長できるようにサポートしていきましょう。

娘の気持ちアンケートより

私は、中学校という新しい環境になじめず友だちもつくれずに孤立していた。とても学校に行けるような精神状態ではなかったのだが、無理をして通っていた。しかし、ある日限界となり「学校へ行きたくない」と家族に宣言した。そのとき父は「よく言ってくれたね。ありがとう。行きたくなかったら無理に行かなくていい。今まで気づかなくてごめん」と言ってくれた。涙が止まらなかった。その後私は約1年半の間不登校となったが、その期間中父は「社会勉強」と称していろいろなところに私を連れて行ってくれた。／20歳

第５章

高校生

（16～18歳）

高校生　人生の大きな選択をする時期

自分の進む道を模索中！

将来について語り合おう

中学時代は反抗的な態度だった娘も、高校生ともなると落ち着いてきます。しかし、親が好き、親が嫌いという感情はまだ行ったり来たりしており、何かあれば、「うるさいなぁ」と、反抗的な態度をとることもあります。

自分の強み、弱み、性格的な長所、短所などについて考えたり、また将来、進むべき進路を考えたりしなければならない時期なので、親子でざっくばらんに話し合える機会をもつようにするとよいでしょう。

自分の将来については、小学生、中学生で決めている子もいれば、大学生になってもまだ決められない子もいます。その子の個性や考えを尊重し、すぐに将来を決められないからと焦らずに、サポートをしてあげることが大切です。ただし、いつまでも自立できない人間になる危険性もはらむ時期なので、適切に将来の目標に向かえるようにバックアップしましょう。

青年期は大人として扱ってほしいと主張する反面、親からの経済的、心理的サポートはまだまだ必要であり、実にアンビバレントな様相を呈します。また、友人関係も同性・異性にかかわらず広がる時期ですが、異性への関心は強まっていきます。

1 きみが一番と娘に伝え続けよう

高校生の娘がちょっと浮かない顔をしています。「どうした？」と尋ねると「どうしてもっとかわいく生まれなかったのかなぁ。私はパパ似だからね」と娘。そんなとき、どんな言葉を返したらいいでしょうか。

生まれたときは、誰もが「かわいい〜」と言ってくれたのに、幼稚園、小学校、中学校と女子にはいつも「○○ちゃんはかわいい」「○○は普通」などという容姿に関する比較と評価がついてまわります。それは高校生になっても、大学生になっても、社会に出てからも同じです。日本は特に「若い」「かわいい」が価値をもつ文化なので、女子にとって容姿に関することは心を悩ます大きな問題なのです。

しかし容姿に関するアレコレにめげていては、これからの時代を生き抜いていけません。「容姿よりも中身でしょ！」と自分から笑い飛ばすぐらいのたくましいメンタルを娘にはもたせてあげたいものです。それにはありのままの自分を受け入れ、大切に思う感情を育ててあげましょう。パパが娘に与える一つひとつの言葉が娘を力づけます。なぜならパパは娘にとって一番身近な異性だからです。

まずは「誰よりもきみが一番」と太鼓判を押しましょう。本当に一番なのですから。「親ばかだね」「身びいきだよ」と娘は口をとがらすかもしれませんが、本当はうれしいはずです。成長と共に娘は「自分の顔は自分の内面を磨くことで魅力的になること」「自分の価値は自分で積み上げていくこと」「自分の人生は自分で切り開いていくこと」を学んでいきます。

やがて「きみが一番」と告げる男性が娘の前に現れるかもしれません。娘の彼にバトンを渡すその日まで、パパは娘に「きみが一番」と言い続けてあげましょう。やがて、「ありのままの自分でいいのだ」と思えるようになるはずです。

2 娘の人生の先輩になろう

高校生になると娘も、大学に進学するか、短大にするか、専門学校にするか、就職するか、人生の大きな選択をすることになります。

高校時代に好きなものや将来の夢を見つけられる人は、おそらくほんの一握りでしょう。大方は何をしたいのか分からない、とりあえず進学しようかと迷っていいます。娘も将来何をしたいのか分からずに悶々《もんもん》としている様子だったら、娘と向き合って、人生や進路について話し合いましょう。中学時代と異なり、娘は再びパパとの心の距離を縮め始めています。

まずは、自分も若いころに悩んだ話、たくさんの失敗をした話をしてあげてはいかがでしょうか。受験勉強はその後の人生にどう役立ったのかを伝えることも大事です。そして大学で何が学べたのか、どうして今の仕事につくことになったのかなどなど。注意したいのは、自慢話にしないことです。若き日の失敗や奮闘を娘に語ってあげてください。

そして、娘がどんな道を選ぼうと、パパは必ず応援すると伝えてあげましょう。人生の先輩であり、一番の理解者であり、一番のサポーターが身近にいるのだから、こんなうれしいことはありません。

「自分の人生を好きなように生きていいんだよ」の一言で、娘の人生の扉は、世界に大きく開かれていくことでしょう。

日本の娘は希薄？ 独立意識の日米比較

「将来への不安尺度の4群間比較」、「独立意識尺度の4群間比較」（小野寺, 1993）を元に作成

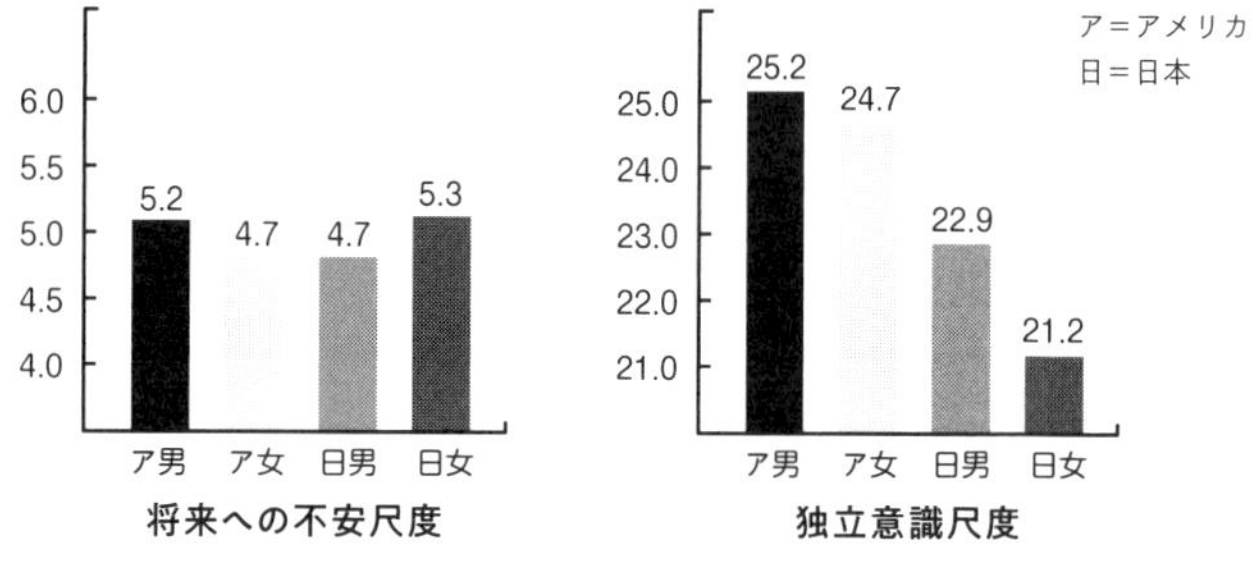

アメリカの大学生316人（男子96人、女子220人）、日本の大学生354人（男子127人、女子227人）に（両親が離婚している、どちらか一方の親が死亡している者は除く）、独立意識についての調査を実施し、得点化したものです。自分の判断で行動をとり自分の力で将来を切り開いていこうとする独立意識が日本の女子大生は低く、将来への不安を感じていることが分かります。

3 きょうだいの個性を理解しているか

子どもにとってきょうだいは、一生続く重要な関係です。きょうだいの中で育つことにより、長子としての自覚が生まれたり、勝ち気な妹になったりします。第一子として生まれたのか、2人きょうだいの次子（末っ子）として生まれたのか、3人きょうだいの第二子（中間子）なのかで娘の性格も変化していきます。同じ家族という環境で育ったとしてもその差は大きく出てきます。出生順位が作り出す性格を把握すると、娘の行動の特性などに理解が深まります。

オーストリアの心理学者アドラーは、親以上にきょうだいからの影響が子どものパーソナリティの形成に重要な影響を及ぼしていると指摘しています。特にきょうだい関係から生まれる性格、行動特性に注目をしました（↓P116図参照）。

一番身近にいるきょうだいと何かにつけて比べられるのはつらいものです。そのことが原因となり、きょうだいの間に優越感や劣等感、嫉妬心などが生じることもあります。「あなたはお姉ちゃんだから我慢しなさい」と常に言われてきた長女は下のきょうだいに対して複雑な感情を抱くこともあります。

また、生まれた時から「No.2」の地位が決められ、常に姉と比較される次女、次は男子かと期待されながら「また女の子か」と言われて生まれてきた三女では、形成される性格は異なります。

長子の性格は常に周りを気づかい、迷惑をかけないかを考え、我慢強い傾向があります。口数は少なく、聴き手になることが多いようです。

2人きょうだいの次子（末っ子）はほめられたがり、自分を認めてもらおうとします。甘え上手で物まね上手。自分の考えを押し通し、我が強い傾向もあります。自己主張しないと姉や兄と競っていけないからです。

3人以上のきょうだいの中間子は上と下に挟まれ、比較されることが多く、気に入らないとすぐ黙り込む傾向があります。長子、末っ子が注目されるのに対して影が薄くなり、屈折しがちになることもあります。自由に生きていける利点もありますが、親は中間子には特に気を配ってあげましょう。

一人っ子は協調性に欠けがちでマイペース。きょうだい間でもまれていない分、引っ込み思案の傾向があり、慎重な性格となります。競争心がなく、完璧主義になりがちです。わがまま、飽きっぽいなどの傾向もあります。特に一人娘の場合はパパとママの愛情を一身に受け、

アドラーによる出生順位と性格、行動特性

あなたの娘は下記のような特徴はありますか?
娘の性格と上手に付き合いましょう。

長子の性格	2人きょうだいの次子（末っ子）の性格	中間子の性格	一人っ子の性格
● 口数が少ない ● 話の聴き手になる ● 人への迷惑を考える ● 面倒は避けようとする ● 我慢強い	● おしゃべり ● ほめられたがる ● 物まね上手 ● 甘え上手 ● 自分の考えを押し通す	● 上と下に挟まれて比較される ● よく考えないでやり始め失敗する ● 気に入らないとすぐに黙り込む ● 何事も一生懸命やろうとする	● わがまま ● 飽きっぽい ● 協調性がない ● 引っ込み思案 ● 慎重 ● 完璧主義 ● 競争心がない

どうしても甘やかされてしまいます。小さなころから子ども同士の集団に入れて、さまざまな体験をさせるとよいでしょう。

また、上に年の離れた兄や姉がいれば、ちょっと甘え上手な性格だったり、弟や妹がいても年が離れていると一人っ子のような性格だったり、きょうだい間に年の差がどのくらいあるかでも性格、行動特性は変わってきます。パパはそれぞれの立場で育つ娘と上手に付き合い、生まれ順や性格にかかわらず、平等に親密な関係を築いていってください。

発達心理学キーワード

【カイン・コンプレックス】

旧約聖書に出てくるアダムとイヴの息子たちの話に基づいた言葉です。農夫となった兄カインと羊飼いとなった弟アベルがそれぞれ神に供え物をしたところ、神はアベルの供え物だけを喜んだため、嫉妬にかられたカインがアベルを殺害してしまったという話。きょうだいへの養育態度に一貫性があると安定したきょうだい関係が築けますが、夫婦間で対立や葛藤があると、きょうだいを比較したり差別した愛情を注いだりする傾向となり、きょうだい間の葛藤を深めるといわれています。

4 女も男も平等だということを教えよう

学校では基本的に男女平等の考えで教育が行われていますが、家庭教育の場では、男女平等の考え方が徹底されていません。知らず知らずのうちに、「女の子だから、こんなふうに育ってほしい」と、男の子とは区別して考えていないでしょうか。また、ママに対して、家事や育児は女性がやるべきもの、という態度がパパにあると、娘は屈折した感情をもってしまいます。

多様な生き方が認められる現代社会。息子と娘が生きるこれからの世界は、どんな社会の変化にも対応できる柔軟性が必須です。息子も娘も同じように家事を手伝わせ、勉学、進学についても男女関係なく、才能に応じて平等にやらせてあげることで、さまざまな意味で「生きる力」が養われます。

第6章

大学生～社会人

大学生〜社会人　精神的に自立していく時期

大人になるってどういうこと？

親子関係は変化していく

非正規雇用やフリーターが増えたこともあり、成人の入り口はあいまいになっています。便宜上、学校を卒業し、就職するなどして経済的、精神的に親から自立するころからを成人期と呼びます。発達心理学でいう成人期は、20代半ば〜30代半ばごろを前期、30代半ば〜60代半ばごろを後期と呼び、長く続きます。就職、結婚、子育てを終えても、まだ成人期です。

その後、高齢期を迎えますが、平均寿命が延びた現代、「100歳人生」などといわれており、高齢期もまた長く続いていきます。

親は乳幼児期から青年期にかけて子どもの発達に影響を及ぼすものであり、成人期以降の子どもと親との関係性は変化することはないと長い間考えられてきました。しかし近年では親子関係は一生涯にわたって発達し、変化していくと考えられています。

すなわち親と子の関係は、お互いの年齢と共に変化しながら、親が亡くなるまで続くということです。子ども時代は良好な親子関係が築かれていたとしても、成人期、高齢期に、その関係性が変わって不仲になってしまう場合もあります。

1 18歳で娘を成人させるには

これまで日本では20歳からが成人として扱われてきましたが、2016年には18歳以上に選挙権が与えられました。選挙権ばかりではありません、2022年からは親の許可なくクレジットカードの契約が可能となり、ローンを組むこともできるようになります。18歳は一人前の大人であると社会が認めることになるのです。

そこで浮上するのが「18歳で大人としての自覚をもてるようになるのか」という問題。具体的に娘のことを考えてみましょう。就職し、勝手にクレジットカードをつくったけれど、欲しい物を買いすぎてカード破産するなどの心配はありませんか。心やさしい娘は、友人から頼まれ、ついカードを貸してしまって大きな借金を抱えてしまうなんて恐れはないでしょうか。きちんと自分で判断し、責任をもって行動する、自立した大人としての心構えをもっているか……、そこが問題です。

青年期は親から心理的な自立をし、独り立ちしていく準備をする期間です。アイデンティティの確立にも親からの心理的な自立が重要です。

娘は自分で判断する経験を積んでいますか。困難に出会ったとき、自分の力で克服することができますか。将来の進路や目標を自分で見つけ、決めることができるでしょうか。自分の判断に責任をもち、自分が正しいと思うことを主張し、行動に移すことができますか。

くり返しになりますが、日本では素直に親の言うことを聞き、親の言う通りに行動する子を「いい子」と考える親が多く、親に反論し、反抗する子は「悪い子」と考えられがちです。特に女の子には素直さを求める親が多いようです。しかし心理的な自立は、親の言うことに素直に従うだけでは育まれません。娘が心理的に自立できるように導くのが親の努めです。

18歳成人を目標に掲げ、娘の自立心が育つようにパパも心掛けてください。まずは小さなことから始めてみましょう。娘に判断させる。決めさせる。行動に移させる。もちろん、見守り、サポートは大切ですが、できるだけ手や口を出さず、娘の力でやらせましょう。小さな積み重ねが娘の自信につながります。

また、娘に少しずつ親離れの準備をさせながら、親も子離れしていく時期です。親の寂しさをけっして娘に背負わせないことが大切です。娘の自立が将来的に、親にとっての幸せにつながります。

娘の自立意識チェック 「独立意識尺度」（加藤・高木, 1980）を元に作成

娘をよく観察し、以下の項目にチェックを入れてみてください。チェック項目が多いほど、娘の自立意識は高いといえます。逆にチェックできる項目が1つもない場合は、なんらかのサポートが必要と考えられます。

- □ 将来つきたい職業が決まっている。
- □ 本当にやりたいことが見つかっている。
- □ 本当にやりたいことを自分の力で実現していけそうだ。
- □ 小さなことでも人の意見に流されず自分で考えて判断している。
- □ 自分で決めたことは最後までやり抜いている。
- □ 困難があっても前向きに乗り切ろうと努力をしている。
- □ 家族と離れても、精神的に一人で生活していける。

2 「めげない力」を育むヒントを知ろう

人生を送る中、めげるような状況に陥ることはさまざまあります。娘にとっても生きていくことは大変だと感じるシーンが数多くあることでしょう。人間なので、落ち込むことだって、めげることだってあります。でも落ち込んだところから這い上がっていく力さえあれば大丈夫です。

困難な状況からいったん逃げるのも1つの方法です。つらいいじめに遭ったときなど、逃げるのは恥ではありません。そのときそのときで自分にとって最善と思われる方法を見つけ、判断する力を養うことが大切です。

判断力は娘自身が自分で養っていくようにしなくてはいけません。親がいつも先回りしてベストの答えを娘に与えていると、娘は考えることをやめ、親からの指示を待つ人間になってしまいます。そのことを大人はよく知っています。社会人の先輩として娘の将来を見据え、自ら考えて判断、決断のできる大人へと導きましょう。

就職した後も、結婚、出産、子育てなど、決断をしなければならないシーンが続くかもしれません。専業主婦として生きるのも、共働きをしながら出産、子育てを行うのも、結婚しないで生きるのも娘の決断です。

途中で精神的につまずいてインターバルをとったり、子育ての時期に一度仕事から離れる選択をしたりする可能性もあります。しかし、何歳になっても人生は再スタートが切れること、やり直せることを娘に教え、パパは娘がどんな決断をくだしても、応援者となってあげてください。

自分の力で自分の人生を切り開いていくには、いろいろな困難にぶつかりながらも前向きに努力し続けるしかないということを、パパとママの生き方で示してあげることが娘への何よりのメッセージとなります。

パパ塾 6

娘のエゴ・レジリエンス力を鍛えよう

ストレス状況に直面した場合、あるときには自己抑制の方向に調整し、あるときには自己解放の方向に調整してバランスをとり、適応状態にもっていく自我調整能力を「エゴ・レジリエンス」といいます。

日常生活の中で娘をよく観察し、「もう少し強くなったほうがよいのでは……」と感じる部分があれば、次のようにしてあげてみてください。

すぐに落ち込みやすい娘へ

⇩ポジティブにスイッチを切り替えるやり方をアドバイスしましょう。

面白いエピソードを見つけ、食卓で話すことを習慣にしようともちかけたり、携帯電話をしまって、時間に追われない一日を過ごすことも大切だと伝えましょう。ポジティブ感情はポジティブな出来事を引き寄せます。幅広い肯定感が気持ちの落ち込みを防ぎ、幸せを招き入れることを教えてあげましょう。

どちらかというとネガティブになりやすい娘へ
⬇娘の良いところを見つけて、しっかりほめてあげましょう。

自分のことを好きになれないと、人はネガティブになります。学校や家庭でほめられる経験が少なかったからかもしれません。今からでも娘の良いところをいろいろ見つけて、たくさんほめてあげてください。「今の自分で大丈夫。私にはいいところがあるんだ」と気づくことができれば、前向きになれます。

いつもプンプン、カリカリしている娘へ
⬇良いこともたくさんあることを教えましょう。

娘の不機嫌が落ち着いたころを見計らって、イライラの原因を聞いてあげましょう。話を誰かに聞いてもらうだけで心はすっきりするものです。また、何に対してもすぐにイラついてしまうようであれば、過去の一週間で起きた出来事をいいことも悪いこともリストアップする習慣を身に付けさせるといいでしょう。生きている中では悪いことも起こるけれど、良いことだってたくさんあることに気づきます。

消極的になりやすい娘へ

⬇一歩前に踏み出すことの大切さを教えましょう。

思春期が終わり精神的にも落ち着いているので、娘が今、何に興味があるのかをざっくばらんに話してみましょう。もし、行動に出るのを恐れていたら、だれにだって失敗はつきものであること、そして行動をとることで嫌な思いをすることはあるけれど、得るものも大きいことを伝えましょう。もしパパにそんな実体験があれば、話して聞かせてあげるのがベストです。

3 こんなはずじゃなかったのに

ママもパパも娘には十二分に愛情を注ぎ、きちんと子育てをしてきたつもりなのに、どうしてこうなる？　なんでうちの娘が？　と思いもかけない状況になり、問題が起きることも子育てにはあります。成人になってもです。

なんでこうなったのか？　誰かを責めたくなりますが、まずは冷静に受けとめるしかありません。親は子どもを育てながら自分育てをしているといいますが、本当にその通りです。親は修業の毎日かもしれません。

しかし一番つらいのはきっと当の本人である娘です。何か問題が起きたのは、「もっと私を見て」「振り向いてほしい」という娘の心が発したシグナルと受けとってみることが大切です。

時に娘から息を飲むような罵声や怒りを投げかけられることもあるかもしれません。でもそれは娘がパパに甘えているからで、誰よりも自分のことを分かってほしいからなのです。視点を変えて、娘が甘えられる存在であることをパパは喜んでみましょう。難しいことですが、これまでさまざまな困難を乗り越えてきたパパならきっと大丈夫。

ここで大切なのはパパの懐の広さ。試されるのは包容力です。どこまで受け入れてもらえるのか、娘はパパを試しているのかもしれません。娘の挑発に乗らず、パパとしてのやさしさ、人間としての大きさを見せましょう。

何もできなくてもいいのです。そんなときこそ、家族皆で１つのテーブルを囲み、一緒にご飯を食べましょう。視野を広くもち、めげずに気長に構えましょう。人生は考えているよりもずっと長く、誰にも山あり谷あり、アップダウンがあります。ご飯を食べながら、何度でも再スタートが切れることを、自らの体験を踏まえ、娘に伝えることができるといいですね。

4 近ごろの就職活動は親子で乗り切るもの？

人生初の「社会の壁」にぶち当たるのが、就職活動、「就活」です。エントリーシートの書き方、面接の受け方、自己ピーアールのノウハウなどを指導する大学も増えていますが、実際に企業で試験や面接を受けるとノウハウ通りにはいかないことが多いのが現実です。学生時代に何をしてきたか、自分はどういう人間なのかを懸命に説明しても、評価されないこともあります。友だちがどんどん内定をとっていく中で、「なぜ自分はダメなのだろう」と落ち込んだり、「納得できない」と怒ったり、娘の胸中は嵐のように渦巻きます。

そんなとき、パパとしてはどんなサポートをしたらいいでしょうか。まずは、求められる人材や企業の受け入れ態勢は、内部事情や社会情勢によっても変わるのだということを伝えましょう。そして、就活をする際に「企業の体質、理念を調べ、さらに男女が均等に働く環境が与えられているかを調べてみるのもいいヨ」とアドバイスしましょう。社員の平均年齢や結婚、出産後も気持ち良く働くことのできる環境が整っているかどうかも大切です。

昨今は大学のオープンキャンパス、入学式に両親が出席し、大学が開催する就職説明会、卒業式も両親揃ってというファミリーも増えています。現代の娘たちは就活にもパパの培ってきた社会経験、知恵を必要としています。的確なアドバイスをくれるパパは娘にとってカッコイイ社会人の代表といったところでしょう。社会人の先輩として、娘のためになるアドバイスをしてあげてください。

一方、就活まで親子で一緒に乗り切るなんて考えられないというパパがいてもおかしくありません。「就活は自力で乗り切れ」と娘に宣言し、陰ながら応援することを選んだとしても、娘はパパの応援を心強く感じるでしょう。

5 娘を真の大人にするために父親がすべきこと

発達心理学では、成人の指標である精神的自立は25歳ごろとされています。では今どきの娘たちは、25歳ごろまでに精神的自立を確立しているのでしょうか。この精神的自立というのは、自分で自分のやりたい仕事を見つけ、それに専念し夢に向かって突き進んでいる状態のことであり、難題に直面したときにも自分の力で判断し解決できる心の強さをもち合わせていることを意味しています。実家から離れて一人暮らしをしているから精神的に自立しているということにはなりません。

娘を真の大人にするために大切な精神的自立を促すにはどうすればよいでしょうか。その1つの方法として、娘が学生時代にできるだけたくさんの本物の体験をできるように支援してあげることがあります。例えば、大学生の夏休み、春休みは長いので海外に行って本物の英語に触れたり美術や文化を体験したりするようにすすめてみてはどうでしょうか。お金がないという娘には、就職したら返すと約束させて旅費の一部を支援してあげることもよいかもしれません。そうまでしても、青年期に日本以外の国の状況を体験させることは、今後のグローバル時代に生きていく女性には大切です。

１００名の大学生に、「外国に行ってみたいですか」と尋ねた最近の調査では、「英語が分からないから」「テロがあるから」「バイトが忙しいから」という理由で「行きたくない」という内向きな回答が多かったと報告されています。

かつて社会学者パーソンズは、「父親の役割は外の世界を家庭の中に紹介することである」と述べています。冒険をしたがらない娘の背中を押すのは、父親の大切な役割です。学生時代に小さなつまずきをたくさん体験しておけば、社会に出たときに大きな失敗を避ける知恵を得ることができます。それが、本当の意味での精神的自立を促進させ、大人の女性へと成長させていくことができるのです。

6 娘に「ゴメン」と謝る勇気をもとう

小学校高学年の娘に対し「一緒にお風呂に入ろうか」と言ってしまった、中学生の娘に「よく食べるな。太るぞ」と心ない言葉を投げかけてしまった、就職について娘から相談を受けたのに、きちんと向き合おうとしなかった……。

今思うと、あれもこれも娘の気持ちに配慮していなかったと反省しているパパ、「もう手遅れか？」「娘との関係修復は無理か」としょげているパパ、大丈夫です。まだまだ名誉は挽回できます。それは父親としての妙なプライドは捨て、娘に対して素直に謝るというシンプルな方法です。「え？　それでいいの？」と思うかもしれませんが、それがベストです。

「娘の純粋な心を傷付ける発言をしたなぁ」と思ったときにすぐに謝るのが一番で

すが、遅ればせながらも気付いたときには、何年も前のこと、いえ十何年も前のことであっても、心を込めて謝りましょう。大切なのは今ここで、娘としっかり向き合うこと。なぜなら娘との付き合いはこの先何十年も続くのですから。

また、娘が怒っている理由が分からないときには、妻に相談してみましょう。妻なら娘の心や身体の成長、デリケートな変化を敏感に感じとり、娘の不機嫌なわけを教えてくれるはずです。それでも分からない場合は、自分が娘のことを何も分からない不出来なパパであることを告白してみましょう。「何も分からないパパでゴメン」と言われた娘は、突然の告白にちょっとびっくりするかもしれませんが、正直にふるまう人間に対しては、誰でも正直な気持ちになるもの。娘の心もほどけて、きっと和解できます。

もしそれでも関係が修復できなかったときは、妻をこれまで以上に大切にしてください。娘にとって両親の仲が良いのは何よりうれしいこと。娘が何年も口をきいてくれていないというパパも、娘の好感度はゆるやかにアップしていくでしょう。

❶ お父さんとの関係は良好ですか？

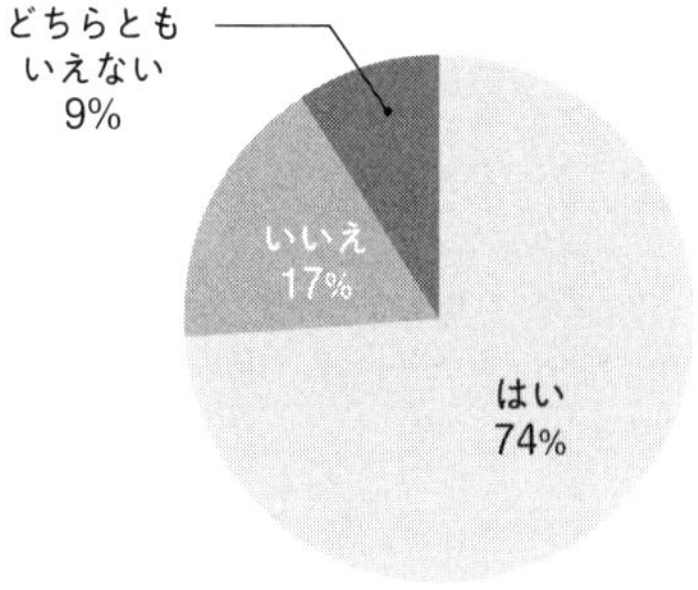

❶で「はい」と答えた人の理由

- 私は高校２年生のとき、友人関係に悩み転校の準備をしていました。その間、たくさん先生と話し引きとめられたりして、気持ちの整理がつかなくなりました。そんなときに父からメールで、「自分が思ったことをどんな言葉でも、形でもよいから伝えてきなさい」というメッセージが送られてきました。それによって、私は父に思いを伝えられて晴れやかな気持ちになり、救われました。／21歳
- 3歳のとき、普段、あまり外出しないのに、ディズニーランドに連れて行ってくれた。そのとき乗り物にはまったく乗らなかったのに、すごくうれしかったのを覚えているから。／21歳

❶で「いいえ」と答えた人の父と疎遠になった理由

- 14歳のときから。趣味が一致しているわけでもないし、母より一緒にいる時間が少なく、何を話せばいいのか、きっかけも分からなくなりました。／20歳

※現役女子大生約50名にとったアンケートより集計したものです。

❷ 両親のような夫婦になりたいですか?

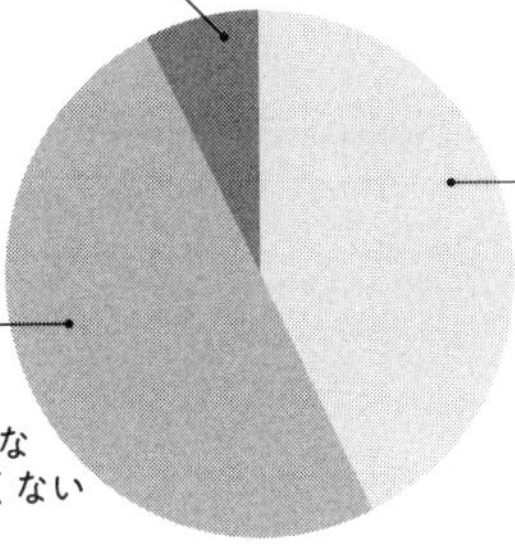

❷で「両親のような夫婦になりたい」と答えた人の理由

- 今だに2人で旅行に行っているし、なんだかんだ仲が良いから。／22歳
- 私の両親は、夫婦というよりは相棒という言葉がしっくりくるような関係だと思っている。考えは基本的にかみ合わないし、言い争いもしょっちゅうしている。だが、いざというときに一致団結して物事にとり組む姿勢は、娘の私から見ても「かっこいい」ものだ。このような両親の姿を見てきたから、「愛は冷めるが信頼はなくならない」「パートナーをもつなら、相棒として対等な立場でいたい」という考えもあり、私は両親のような夫婦に憧れている。／20歳

❷で「両親のような夫婦になりたくない」と答えた人の理由

- 昔はケンカをよくしていた。そういうのは嫌だと思った。今はお互いに干渉しないように生活しているが、自分だったら寂しいと思うから。／21歳
- 両親が嫌いというわけではない。ただ、あまり仲良くない時期があり、それが私の中では大きな影響を与えているので。／21歳

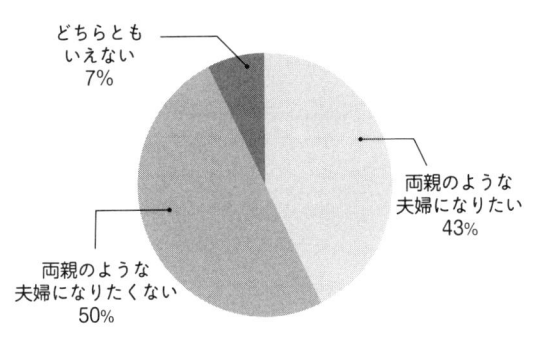

おわりに

心理学において父親が子どもの発達に与える影響についての研究は、１９８０年代に入ってから本格的に始まりました。それ以前は、父親は子どもの発達にとっては〝忘れ去られた貢献者〟であり、母親ほど影響力をもっていないと考えられていたのです。しかしアメリカ人の心理学者ラム（Ｌａｍｂ）により、乳児は母親と同じように父親にもしっかりと愛着を抱いていることが明らかになって以来、父親研究は大きく前進することになりました。

そうした中で、私は特に父娘関係に注目して研究をしてきました。例えば「娘からみた父親の魅力」研究では、父親に好感を抱くか否かは、両親の夫婦関係の良い悪いが影響していること、そして娘の結婚相手の選択に父親が異性モデルとしての役割を果たしていることを明らかにしています。つまり父親は娘の発達に、息子に対してとは異なる影響を与えているわけです。

近年の父親研究では、父親の育児・家事参加が重要なテーマの1つになっています。１９８０年代から90年代後半までの父親は、妻に言われて育児や家事をしかたなくやらされているという意識が強かったのですが、最近は、自分の意思で積極的にやりたいという男性が増えてきていることが報告されています。男性も女性も「共に仕事をしながら子育てをする」という意識が若い世代に根づいてきていることはうれしいことです。

ところが新米パパは、志高く育児・家事に向き合おうとするものの、現実は「夕飯は何をどうつくればいいのか」「どうすれば子どもを寝かし付けられるのか」といった悩みや戸惑いを抱えてしまう場合が多いのです。これは、今の30～40代の多くの男性たちは、父親が仕事をして経済的に家庭を支え、母親は家事や子育てに専念するという伝統的な性役割観をもつ世代の親たちに育てられてきたためです。育児や家事の知識をほとんどもたないまま父親になってしまったので当然のことなのです。ましてそれが自分の考えが及ばない〝未知の娘〟という異性の子育てであればなおさらです。

今日、伝統的性役割の時代は終わりを告げようとしています。そして、一昔前のように女性は結婚し子育てに専念するのが当たり前という時代ではなく、結婚、出産、子育てをしながらも、あるいは結婚しないでも、自分のやりたい仕事を続けて行く力強い生き方が求められるようになりました。現代を生き抜くたくましい娘に育てるには、父親の娘への働きかけが非常に大切です。つまり将来の娘の幸せの鍵は父親が握っていると言ってもよいでしょう。

本書では、これからの時代にふさわしい女性を育てるのに大切な父親の役割について分かりやすく解説しています。本書全体については私がこれまでに行ってきた父親と娘についての心理学的研究にもとづき監修しました。そして心理学の専門書という堅い書籍ではなく、父娘関係に関心のある方ならどなたが読んでも分かりやすい読み物にライターの清水典子さんがしてくださいました。清水さんとは何度もお目にかかり、それぞれの父娘関係を振り返りながら本書を進められたことはとても有意義でした。

人生100年の時代になろうとしています。その間、娘の人生も山あり、谷ありです。良いときばかりではないはずです。一生を振り返ったときに、自分にはこの父親がいてくれて良かった、自分にはこの娘がいてうれしかったと思えるようになるために、本書がお役に立てたら幸いです。

監修者　小野寺　敦子

監修　小野寺敦子（おのでら・あつこ）

東京都生まれ。1984年、東京都立大学大学院人文科学研究科心理学専攻博士課程修了。心理学博士。現在、目白大学人間学部心理カウンセリング学科教授。著書に『「エゴ・レジリエンス」でメゲない自分をつくる本〜ego-resilience〜』（一藝社）、『親と子の生涯発達心理学』（勁草書房）、『手にとるように発達心理学がわかる本』『ゼロから教えて発達障害』（共に、かんき出版）、『小学生のことがまるごとわかるキーワード55』（金子書房）などがある。

パパのための娘《むすめ》トリセツ

こころライブラリー

2018年11月13日　第1刷発行

監修　小《お》野《の》寺《でら》敦子《あつこ》
発行者　渡瀬昌彦
発行所　株式会社講談社
〒112-8001　東京都文京区音羽2-12-21
電話　編集　03-5395-3560
販売　03-5395-4415
業務　03-5395-3615
取材・原稿　清水典子
装丁・デザイン　大悟法淳一、武田理沙、黒木亜沙美（ごぼうデザイン事務所）
まんが　パント大吉
企画編集　株式会社童夢
印刷所　凸版印刷株式会社
本文データ制作　ごぼうデザイン事務所
製本所　株式会社国宝社

ISBN978-4-06-513702-4　N.D.C.143 143p 19cm